出纳学徒岗位手册

程传灵　程　宏　主编

中国农业大学出版社
·北京·

内 容 简 介

本书内容包括：第一部分　步入企业；第二部分　认识岗位；第三部分　学徒工作学习任务。全书共 26 个学习任务，涵盖提现、借差旅费、销售商品收到现金、支付办公用品款、收到前欠货款转账支票一张、现金清查、出纳日报、网上银行支付购买材料款、购买维修轴承 POS 机刷卡支付、销售商品收到商业承兑汇票、网上银行收到销售商品款、支付社保、支付工资等。

图书在版编目（CIP）数据

出纳学徒岗位手册/程传灵，程宏主编. —北京：中国农业大学出版社，2020.1
ISBN 978-7-5655-2302-1

Ⅰ.①出…　Ⅱ.①程…②程…　Ⅲ.①会计-出纳-手册　Ⅳ.①F231.7-62

中国版本图书馆 CIP 数据核字（2019）第 239603 号

书　　名　出纳学徒岗位手册

作　　者　程传灵　程　宏　主编

策划编辑　张　玉　张　蕊　　　**责任编辑**　张　玉
封面设计　郑　川
出版发行　中国农业大学出版社
社　　址　北京市海淀区学清路甲 38 号　**邮政编码**　100083
电　　话　发行部 010-62733489，1190　读者服务部 010-62732336
　　　　　编辑部 010-62732617，2618　出　版　部 010-62733440
网　　址　http://www.caupress.cn　**E-mail**　cbsszs@cau.edu.cn
经　　销　新华书店
印　　刷　涿州市星河印刷有限公司
版　　次　2020 年 3 月第 1 版　　2020 年 3 月第 1 次印刷
规　　格　787×1092　16 开本　13.25 印张　265 千字
定　　价　40.00 元

编 委 会

主 编 程传灵 程 宏

副主编 陆红霞 毛德敏 艾洪娟

参 编 孟 杨 于斌海 李双双 陈晓江

王冲冲 魏艳红 吴 洋

主 审 王海波 史 梅

前　言

教材立足出纳岗位职责，按照企业出纳业务的发生过程，选取典型工作任务，涵盖核心能力，以培养管理思想，增强掌控能力，打造金牌出纳为目的，进行精心编写，编写总体思路是跟着干，干中学。全书包括三部分，第一部分步入企业，第二部分认识岗位，第三部分学徒工作学习任务。

教材的主要特色与创新：

①校企合作。新疆喀纳斯润丰投资（集团）有限公司董事长助理、财务总监陈晓江，新疆正祥有限责任会计师事务所注册会计师、副总经理程宏及注册会计师魏艳红，阿克苏润坤财税咨询管理有限公司总经理于斌海与新疆农业职业技术学院的主编及副主编老师共同对教材进行设计，三家公司提供岗位标准、业务流程、票据样本，企业人员确定工作任务，并与新疆农业职业技术学院的老师共同编写。

②体例别致。步入企业，对企业产生基本认识，认识岗位的 3 个专题，让学生从思想上成为学徒。工作学习任务是重要内容，每一项任务中都有任务目标与质量要求、学习产出目标、工作程序与方法要求、工作任务实施记录与评价这样的特别设计，在于注重学徒培养质量，提高学徒产出。

③精耕细作。从岗位任务入手，对操作过程的每一步进行精细设计，对照任务步骤，精准学习任务，浸润内控思想，精确完成任务，培养养成意识，从而提升学习效果，达到入心目的，造就金牌出纳。

编写分工：程传灵负责整体设计、体例规划、统稿，程宏负责任务、票据设计。程宏、程传灵编写第一部分、第二部分，孟杨、于斌海、李双双编写第一段专业知识准备，程传灵、魏艳红编写任务 1～9，陈晓江、王冲冲编写任务 10～16，毛德敏、魏艳红编写任务 17～26，陆红霞、程宏编写标准，艾洪娟、陈晓江编写案例警示，吴洋负责票据制作。

在此感谢新疆喀纳斯润丰投资（集团）有限公司、新疆正祥有限责任会计师事务所、阿克苏润坤财税咨询管理有限公司、乌鲁木齐永和万江财务咨询有限公司、新疆金湘源税务师事务所有限公司、新疆尤尼泰税务师事务所有限公司、用友新道股份有限公司、北京中瑞诚会计师事务所有限公司喀什分所等合作单位的大力支持。

目　录

第一部分

步入企业

The First Part

入职培训专题 1

企业基本情况

出纳岗位涉及工业、农业、商业、服务业等类型企业，出纳因行业不同，其业务名称有差异，但其性质基本相似，出纳处理思路基本一致。

本书以新疆 TH 农机制造有限公司为例。

新疆 TH 农机制造有限公司，主要生产销售播种机、中耕机、点播机、整地机等产品，产品销往新疆各地，设有董事会、监事会、人力资源部、综合部、技术部、财务部、采购部、生产部、质检部、销售公司等，并拥有 6 个生产车间，3 个仓库。

企业地址：昌吉市北京南路 2×3 号　**电话：**0994-2××6688，0994-6××2233

纳税人登记号：65×××××0101100，本单位为一般纳税人，其整机销售税率 10%，边角料税率 13%。

开户银行：交通银行北京南路支行

账号：65××××××××××122068012

法定代表人：李建国

总经理：辛俊华

监事长：李刚　**监事：**周一民

财务总监：张振中

主管会计：赵正新　**销售会计：**刘虹　**成本会计：**邓云　**出纳：**王红

王红身份证号：652301××××××××2812

入职培训专题 2
公司管理文化

第一节　TH 农机公司的组织构架

新疆 TH 农机制造有限公司是股份制企业，股东大会是最高权力机构，由全体股东组成，依法行使职权。股东大会每年召开 1 次年会，并根据需要召开临时股东大会。董事会是股东大会决议的执行机构，负责处理公司重大经营管理事项，并对股东大会负责。董事会由 5 人组成，设董事长 1 人，董事任期每届 3 年。监事会是公司的监督机构，监督公司业务执行情况，并对股东大会负责。监事会由 3 人组成，设主席 1 人。TH 农机设总经理职位，由董事会聘任，对董事会负责。总经理下设 6 部、1 车间、1 个分公司，直管 1 部，其余由副总经理分管。具体构成见图 1-1。

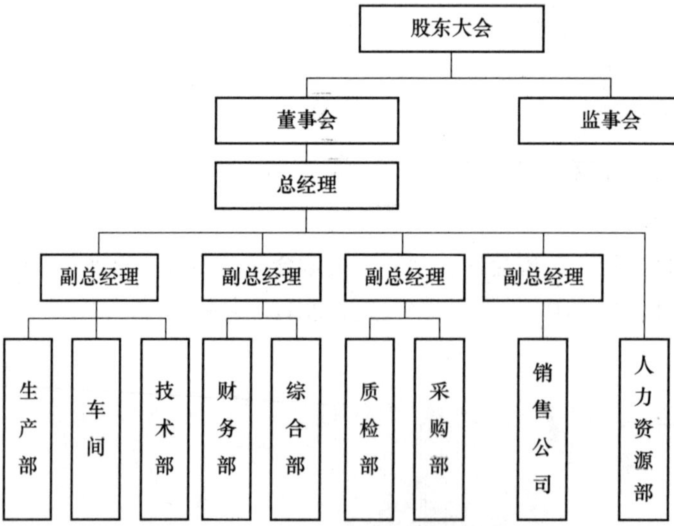

图 1-1　TH 农机公司组织机构图

第二节　TH 农机公司的经营模式与管理文化

公司是集设计、生产、销售、服务为一体中型企业，公司根据市场需求，自己开发市场上需要的农机产品，同时对原有产品进行改造升级；在制造方面，公司具有一定的制造能力，制造设备的柔性能力比较好，开发出的新产品能够通过现有的设备进行生产。对于自己生产的产品通过自己的营销网络，拥有自己的客户群体，通过新疆各地的农机公司代销，并通过线上直销。

企业使命：提升农业现代化。

核心价值观：以人为本，客户至上，质量第一。

企业精神：追求卓越，永不满足。

创业信念：天道酬勤。

行业不同，企业的使命有所差异。农业企业的使命是追求天然、绿色、健康、安全的农产品。如中粮集团使命是“我们奉献营养健康的食品和高品质的生活服务，建立行业领导地位，使客户、股东、员工价值最大化”。工业企业的使命在于追求优质的产品和服务以满足社会需求。如华为公司愿景（使命）是“丰富人们的沟通和生活”；微软公司愿景（使命）是“计算机进入家庭，放在每一张桌子上，使用微软的软件”；福特公司愿景（使命）是“汽车要进入家庭”。商业企业的使命在于让顾客享受品牌，享受优质、优价服务。如苏宁愿景（使命）是“百年苏宁、全球共享”，无论何时，苏宁都将践行的是“不忘初心，成就品牌”；沃尔玛提出“帮顾客节省每一分钱”的宗旨，实现了价格最便宜的承诺，顾客享受了超一流的服务。

第二部分

认识岗位

The Second Part

The Second Part
The Second Part
The Second Part

入职培训专题3

认识出纳岗位职责

一、直接上级

在财务总监的直接领导下，开展工作。

二、服务对象

公司员工、客户、供应商、开户银行、税务部门、政府部门及其他企业利益相关者。

三、岗位职责

（1）审核、核算原始凭证，进行费用报销。

（2）负责现金、银行存款及时合理收、付。

（3）现金、银行存款日记账及时准确登记。

（4）定期核对现金（或备用金）、银行存款的实际数，做到账实相符。

（5）负责参与财务制度中货币资金管理制度的制定。

（6）及时掌握货币资金余额，每日向总经理、财务总监汇报银行存款余额。

（7）负责各种票据的及时购买、登记、发放、存根回收和合理管理及使用。

（8）保管银行预留私章及其他收付讫章、空白支票、有价证券。

（9）及时取回有关费用单据和对账单。

（10）编制银行存款余额调节表，并由财务总监复核。

（11）编制出纳月报。

（12）完成领导交办的其他工作。

入职培训专题 4
认识出纳岗位管理制度

一、现金管理制度

（一）出纳岗位基本规定

（1）建立健全现金日记账，严格审核现金收付凭证。

（2）严格执行现金管理制度，不得坐支现金，不得白条抵库。

（3）对发生的银行收支业务做到日清月结，现金业务做到日清日结，及时核对，保证账实相符。

（4）出纳人员应根据现金收支情况，及时登记现金日记账，做到日清日结，并与现金总账核对是否相符，保证账账相符。

（5）及时催收往来款项，并办理入账手续。

（6）资金收付要做到“合法收付、收付两清、日清月结、钱账分管”，坚持一笔一清。

（7）出纳不得兼管有关债权、债务、收入、费用的账务登记工作和会计档案管理工作。

（二）现金收款规定

（1）现金收款时，出纳人员应监督交款人在原始凭证上签字。

（2）出纳人员在原始凭证上签字，并加盖现金收讫章，并及时将记账联转交会计进行账务处理。

（三）现金付款规定

（1）需要批准手续。

（2）批准程序：部门领导、会计、财务总监、总经理。

（3）库存现金超过限额的应及时存放银行，对于大额支付应避免采用现金支付方式，大额支付应采用银行转账方式。

（4）现金使用范围：

①职工工资、各种工资性津贴；

②个人劳务报酬，包括稿费和讲课费以及其他专门工作的报酬；

③支付给个人的各种奖金，包括根据国家规定颁发给个人的科学技术、文化艺术、体育比赛等各种奖金；

④各种劳保、福利费用以及国家对个人的其他现金支出；

⑤向个人收购农副产品和其他物资的款项；

⑥出差人员必须随身携带的差旅费；

⑦结算起点（1 000 元人民币）以下的零星支出；

⑧中国人民银行确定需要支付现金的其他支出。

（四）现金保管规定

（1）为了保证现金安全，现金应存放在专用密码保险柜中，出纳人员应随身携带保险柜钥匙，不得随意放置，保险柜密码不得泄露。因主观原因导致的现金短缺，由出纳人员个人承担；因不可抗力导致的现金短缺，视具体情况减轻或免除出纳责任。

（2）因出纳人员请假或其他缘由不能到岗的，需提前按规定办理严格的现金交接手续，代理人在代理期间应履行出纳人员同等职责。

二、银行存款管理制度

（1）银行结算方式根据实际情况可采取如下几种方式：网上银行、电汇、支票、银行汇票、商业汇票。

（2）每月月初，出纳人员应从银行柜台或在银行开立的回单柜中取得各开户银行加盖有银行印章的月份对账单。

（3）财务人员应按照每个银行开户账号设置银行存款明细科目，出纳人员应及时将银行对账单传递给会计，以便核对各银行账户账目。出纳应及时编制银行存款余额调节表，并交会计审核，也可由会计编制。

（4）出纳人员应确保取得每笔银行收付结算凭证，缺失结算凭证的应从银行柜台补证或从网上银行打印。做到每笔记账凭证都有对应的原始凭证附件。

（5）银行账户必须遵守银行的规定开设和使用。银行账户只供本单位经营业务收支结算使用，严禁账户借与外单位或个人使用，严禁为外单位或个人代收代支、转账套现。

（6）财务人员要严格银行存款支出控制，银行付款必须经总经理批准，手续齐备，不准携带空白支票外出，确需携带空白支票外出者，须经总经理批准，办理领用登记手续，要建立支票领用登记簿，空白支票必须填写日期并在预计最高金额位画人民币符号，因使用支票不当造成企业损失时，应由当事人承担赔偿责任。携带空白支票办理结算后，要当天将存根和有关凭证带回，并到财务部门及时结算，不得将空白支票留存其他单位。凡前期领用未清者，不准再领用支票。

（7）付款时，应认真复核原始凭证、会计审核情况、领导审批情况，收款人名称应与发票一致，收款人在支票存根上盖章、签字。

（8）随时掌握银行存款余额，不准签发空头支票。

（9）逐笔序时登记银行存款日记账，做到日清月结。

三、相关票据及印鉴使用规定

（一）收据使用规定

（1）企业采用一式三联的收款收据，由财务部作为主管部门，指定专人进行保管。

（2）收据属于内部自制单据，不得外借、代开，不得拆本使用。

（3）收据原则上只限财务部门使用，企业其他部门不得领用和自制，因业务需要外出携带收款收据的，须经财务总监审批后，按照规定登记收款收据领用登记明细表并签字确认，应根据需要张数加盖财务章，并事先书写完整，空白收据不得加盖财务章，返回单位时应及时整本交回财务。

（4）开具收据时，应按序使用，书写规范，内容完整，金额大小写一致，且不得涂改。因填写错误的需要加盖“作废”章，并完整保留各联次。

（二）财务印章管理规定

（1）对外专用财务印章主要包括：财务专用章、法人章、发票专用章，财务印章必须存放在专用保险柜中。财务专用章、发票专用章由会计保管，法人章由出纳保管。对外专用财务印章对外具有法律效力，使用时须严格检查各项单据是否合法、齐全、符合要求、准确无误。

（2）对内专用财务印章主要包括现金收、付讫章，银行收、付讫章，作废章等，对内专用财务印章仅供内部管理需要，对外不具有法律效力，对内专用财务印章由使用人自行妥善保管。

入职培训专题5
认识出纳学徒岗位考核

一、考核时间

采取分阶段考核的方法，在每一个任务结束后进行考核。

二、考核人员

选派责任心强、教学工作能力强的企业技术人员和学校专业教师，共同对学徒进行评价考核，保障学徒的培养质量。

三、考核内容

考核内容主要分为三部分。第一部分为学徒在每个任务中从素养、态度、技能等方面自我评价；第二部分为学徒在每个任务期间的学徒态度、学徒表现等；第三部分为学徒在每个任务期间专业技能掌握程度。

四、考核程序

在完成每个任务后，填写《学徒岗位考核表》。第一步，学徒自我鉴定；第二步，企业带教师傅对学徒的表现，包括态度、出勤、专注程度、钻研程度等，进行考核；第三步，企业带教师傅按照本专业学徒标准和学院指导教师共同对学徒进行技能考核；第四步，学校指导教师和企业带教师傅联合对学徒进行综合考核，并打上该项任务学徒成绩及等级。第二段进行最后的总考核。

五、考核成绩评定

自我鉴定占10％，岗位表现占50％，专业技能考核占40％。

六、学徒自我鉴定

成绩必须在 6 分及以上，岗位表现必须在 40 分及以上，综合得分在 60 分及以上，方为考核合格。有下列情况之一者，岗位成绩为不及格。

（1）未经批准，擅自改变学徒岗位的。

（2）未经批准，在校外岗位擅自离岗的。

（3）岗位表现差的。

（4）学徒在岗时间未达到规定学时的 2/3 的。

（5）学徒单位鉴定为学徒成绩不及格的。

七、考核结果处理

（1）考核不及格者，延长岗位时间，重新考核达到及格后，方可转入下一岗位。

（2）考核分优秀、良好、中等、及格、不及格五个等级。90 分及以上为优秀，80～89 分为良好，70～79 分为中等，60～69 分为及格，59 分以下为不及格。

学徒岗位考核表

学校：__________班级：__________学徒姓名：__________日期：__________

岗位任务		
自我鉴定（10 分）	职业素养（3 分）	□优 □良 □一般 □较差
	工作态度（3 分）	□优 □良 □一般 □较差
	出勤率（1 分）	□优 □良 □一般 □较差
	专业技能（3 分）	□优 □良 □一般 □较差
	得分与反思	
岗位表现（50 分）	得分： 企业带教师傅签名： 日期：	
专业技能（40 分）	程序掌握（10 分）	□优 □良 □一般 □较差
	票据填写（10 分）	□优 □良 □一般 □较差（填写 张）
	熟练程度（10 分）	□优 □良 □一般 □较差
	结算工具（10 分）	□优 □良 □一般 □较差
	得分： 师傅签名： 教师签名： 日期：	
综合得分	（1）得分	
	（2）岗位等级	□优 □良 □中等 □及格 □不及格

第三部分

学徒工作学习任务

The Third Part

The Third Part

The Third Part

The Third Part

第一段　专业准备

一、职业道德规范

会计职业道德，指在会计职业活动中应当遵循的、体现会计职业特征的、调整会计职业关系的各种经济关系的职业行为准则和规范。出纳职业道德规范的主要内容：爱岗敬业、诚实守信、廉洁自律、客观公正、坚持准则、提高技能、参与管理、强化服务。

出纳三字经

出纳员，很关键；静头脑，清杂念。业务忙，莫慌乱；情绪好，态度谦。
取现金，当面点；高警惕，出安全。收现金，点两遍；辨真假，免赔款。
支现金，先审单；内容全，要会签。收单据，要规范；不合规，担风险。
账外账，甭保管；违法纪，又罚款。长短款，不用乱；平下心，细查点。
借贷方，要分清；清单据，查现款。月凭证，要规整；张数明，金额清。
库现金，勤查点；不压库，不挪欠。现金账，要记全；账款符，心坦然。

二、点钞

1. 点钞方法

点钞方法主要有手工点钞和机器点钞两种。常见的手工点钞方法有：手持式单指单张点钞法、手持式单指多张点钞法、手持式四指拨动点钞法、手持式五指拨动点钞法、手按式单张点钞法、手按式双张点钞法等。

2. 点钞的基本程序

拆把→点数→扎把→盖章

拆把：把待点的成把钞票的封条拆掉。

点数：手点钞，脑记数，点准一百张。

扎把：把点准的一百张钞票墩齐，用腰条扎紧。

盖章：在扎好的钞票的腰条上加盖经办人名章，以明确责任。

3. 点钞的基本要求

在人民币的收付和整点中，要把混乱不齐、折损不一的钞票进行整理，使之整齐美观。钞票整理的具体要求是：

平铺整齐，边角无折。同券一起，不能混淆。券面同向，不能颠倒。验查真伪，去伪存真。剔除残币，完残分放。百张一把，十把一捆。扎把捆捆，经办盖章。清点结账，复核入库。

4. 具体要求

（1）坐姿端正。点钞的坐姿会直接影响点钞技术的发挥和提高。正确的坐姿应该是直腰挺胸，身体自然，肌肉放松，双肘自然放在桌上，持票的左手腕部接触桌面，右手腕部稍抬起，整点货币轻松持久，活动自如。

（2）操作定型，用品定位。点钞时使用的印泥、图章、水盒、腰条等要按使用顺序固定位置放于桌子中央正前方，以便点钞时使用顺手。

（3）点数准确。点钞技术关键是一个“准”字，清点和记数的准确是点钞的基本要求。点数准确一要精神集中，二要定型操作，三要手点、脑记，手、眼、脑紧密配合。

（4）钞票墩齐。钞票清点好后必须墩齐后（四条边水平，不露头，卷角拉平）才能扎把。

（5）扎把捆紧。扎小把以提起把中第一张钞票不被抽出为准。

（6）盖章清晰。腰条上的名章，是分清责任的标志，每个人整点后都要盖章，图章要清晰可辨。

（7）动作连贯。动作连贯是保证点钞质量和提高效率的必要条件，点钞过程的各个环节（拆把、清点、墩齐、扎把、盖章）必须密切配合，环环相扣。清点中双手动作要协调，速度要均匀，要注意减少不必要的小动作。

5. 单指单张点钞

手持式单指单张点钞法是最常用的点钞方法之一。其基本操作要领如下：左手持票，手心向下，拇指按住钞票正面的左端中央，食指和中指在钞票背面，与拇指一起捏住钞票；左手无名指自然卷曲，捏起钞票后小拇指伸向钞票正面压住钞票左下方；左手中指稍用力，与无名指、小拇指一起紧卡钞票；左手食指伸直，拇指向上移动，按住钞票的侧面，将钞票压成U形；左手将钞票从桌面上擦过，钞票翻转，拇指借从桌面上擦过的力量将钞票撑成微开的扇面并斜对自己面前；右手三个指头蘸水，用拇指尖向下捻动钞票右下角，食指在钞票背面配合拇指捻动；用右手无名指将捻起的钞票往怀里弹，边点边记数；点钞时注意姿式，身体挺直，眼睛和钞票保持一定距离，两手肘部放在桌面上。

6. 四指拨动点钞

四指拨动点钞又称四指四张点钞法。用四个指头一次清点四张钞票。每指一张看得很清楚，适用于收款、付款、整点工作的初点、复点。这种点钞方法省力、省脑、效率高，并能逐张识别真假票和挑剔损伤票，具体操作方法如下：

①手四指、五指夹住钞票左下端，三指与拇指沿钞票的两侧伸出，卡住钞票。拇指要高于三指，三指稍用力，使钞票右上角稍向后倾斜成弧形，便于点数、三指稍曲抵住钞票背面中上方。

②点数。右手二、三、四、五四个指头同时蘸水，点数时先以五指触及票面弧形面

上，然后再以四、三、二各指顺序逐一触及弧形面上，并向怀里（下方）拨票。点数时左手拇指三指随着右手点数，逐渐向上移动，二指稍加向前推动，以适应待点钞票的厚度。

③记数。采用分组记，每 4 张为一组，记一个数。记数则从二指拨下钞票后起记。

7. 花式点钞法

花式点钞是一项技巧性、专业性较高的技能，它不仅能提高我们的工作效率，而且给人一种美感和视觉的冲击。电视剧《人民的名义》一段出神入化的花式点钞法，让人们大开眼界，6 种花式点钞法，从只用 1 根手指的一指戳、单指单张，到两指打算盘，三指弹钢琴，还有四指挠痒痒和五指弹琵琶。这些指法并没有学名，只是用得多了我们就会叫出一些形象生动的名字。中国人民银行南京分行营业管理部的陶萍演示“花式点钞法”见图 3-1-1。

图 3-1-1　陶萍演示“花式点钞法”（央广网记者　石昊鑫摄）

【典型人物案例】

“超级点钞王”陶萍：锲而不舍成就点钞神技

手指飞舞，眼花缭乱。只用了不到 6 秒钟，陶萍就点完了手中的一沓钞票。“100 张！”她自信、准确地报出了数字。这是中国人民银行南京分行营业管理部的陶萍，也是人们口中的那个“超级点钞王”。

在热播的电视剧《人民的名义》中，陶萍带来的“花式点钞大法”爆红网络，同时也让很多人记住了她的名字。

从 1988 年来到中国人民银行南京分行，陶萍已经和钞票“共事”了 29 年，其中，她在专门负责点钞的“整点”岗位工作了整整 17 年。现如今，她活跃在反假一线，与各种假币做着斗争。

17年的酸甜苦辣，29年的指尖神功，陶萍也变成了别人眼中点钞的传奇、大国的工匠。

2016年，李克强总理在《政府工作报告》中首次提及“工匠精神”一词。精益求精、注重细节、专注专业、不忘初心、勇于创新，新时代的工匠精神倡导的是职业的精神，引导人们树立职业敬畏感，秉持职业操守，恪守职业道德。现如今，这个词语也成为了指导中国制造业前进、发展的新精神。

在陶萍看来，“‘工匠精神’就是坚持，就是干一行爱一行。我相信只要坚持，就没有做不成的事。”刚到中国人民银行南京分行时，陶萍负责残损人民币的清点工作。有的钞票像砖头一样粘连在一起，有的钞票则饱受发霉、火烧、鼠咬的损毁。陶萍很有感触地告诉记者，当时一起来银行的6个姐妹都调换了岗位，只有自己“挺”了下来。

回头再看，她的坚持有了成效。

陶萍将自己的“点钞神技”毫无保留地教给各行的新员工，她说：“我希望把自己的方法和技巧传承下去，让更多的人受益。”

陶萍在点钞时信手拈来的潇洒，和她脸上情不自禁浮现的微笑，似乎在告诉着每个人，她对这份职业发自内心的热爱。

【职业探讨】

“工匠精神”中的会计元素

会计人整天与数字信息打交道，而数字信息最讲求精确和完整。从某种意义上说，会计人是更高层次的工匠，会计职业更需要匠心传承。工匠精神最基本的体现在日常会计核算工作是严谨细致，每一笔经济业务的核算都需要经历一个耐心细致的打造过程，从整理票据、复核付款、制作凭证、登记账簿、成本计算、财产清查、编制报告，最后变成一本本的账、一张张的表，对经济业务进行完整、连续和系统的记录和核算，每一步都是环环相扣，不容一丝差错，会计业务的处理过程既需要个人的精心打磨，又需要团队的协调合作。他们长年累月日常工作坐得稳板凳，耐得住寂寞，简单而枯燥的背后，体现的是对财务会计工作遵循准则、精益求精、不做假账的职业精神和会计人应有的职责担当。

8. 机器点钞

点钞面由三大部分组成。第一部分是捻钞；第二部分是计数；第三部分是传送整钞。

点钞机操作程序：

（1）持票拆把。用右手从机器右侧拿起钞券，右手钞券横执，拇指与中指、无名指、小指分别捏住钞券两侧，拇指在里侧、其余三指在外侧，将钞券横捏成瓦形，中指在中间自然弯曲。然后用左手将腰条纸抽出，右手将钞券速移到下钞斗上面，同时用右手拇指和食指捏住钞券上侧，中指、无名指、小指松开，使钞券弹回原处并自然形成微扇面，这样即可将钞券放入下钞斗。

（2）点数。将钞券放入下钞斗，不要用力。钞券经下钞斗通过捻钞轮自然下滑到传送带，落到接钞台。下钞时，点钞人员眼睛要注意传送带上的钞券面额，看钞券是否夹有其他票券、损伤券、假钞等，同时要观察数码显示情况。拆下的封条纸先放在桌子一边不要丢掉，以便查错用。

（3）记数。当下钞斗和传送带上的钞券下张完毕时，要查看数码显示是否为“100”。如反映的数字不为“100”，必须重新复点。在复点前应先将数码显示置“00”状态并保管好原把腰条纸。如经复点仍是原数，又无其他不正常因素时，说明该把钞券张数有误，即应将钞券连同原腰条纸一起用新的腰条纸扎好，并在新的腰条纸上写上差错张数，另作处理。

一把点完，计数为百张，即可扎把。扎把时，左手拇指在钞券上面，手掌向上，将钞券从接钞台里拿出，把钞券墩齐后进行扎把。

（4）盖章。复点完全部钞券后，点钞人员要逐把盖好名章。盖章时要做到先轻后重，整齐、清晰。

三、保险柜的使用

插入保险柜钥匙，顺时针转动，显示屏亮启，输入密码，打开保险柜，将现金放入保险柜，关闭柜门，转动密码旋钮，逆时针转动手柄，关闭门锁钥匙，轻推手柄缩回门板。

四、POS 机的使用

打开 POS 机，正确刷卡，输入金额，请客户输入密码，打印小票，请客户核对并签字。

五、支票

支票（check）是银行存款户对银行签发的要求于见票时对收款人或持票人无条件支付一定金额的票据。

常见支票分为现金支票、转账支票。在支票正面上方有明确标注。现金支票只能用于支取现金（限同城内）；转账支票只能用于转账。图 3-1-2 转账支票正面、图 3-1-3 转账支票背面。

（1）出票日期（大写）：数字必须大写，大写数字写法：零、壹、贰、叁、肆、伍、陆、柒、捌、玖、拾。

壹月贰月前零字必写，叁月至玖月前零字可写可不写。拾月至拾贰月必须写成壹拾月、壹拾壹月、壹拾贰月（前面多写了“零”字也认可，如零壹拾月）。

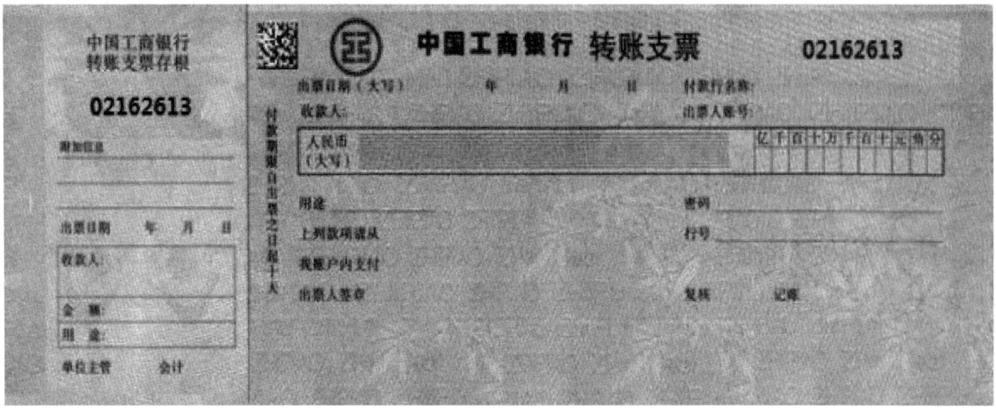

图 3-1-2 转账支票正面

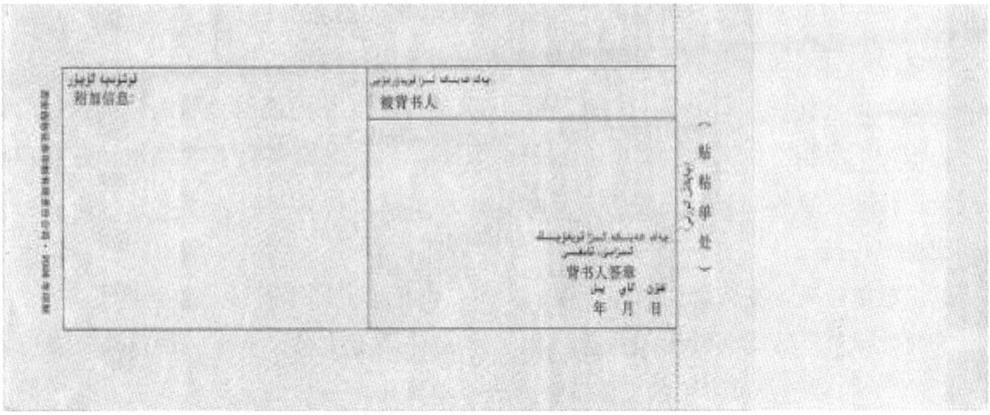

图 3-1-3 转账支票背面

壹日至玖日前零字必写，拾日至拾玖日必须写成壹拾日及壹拾×日（前面多写了“零”字也认可，如零壹拾伍日，下同），贰拾日至贰拾玖日必须写成贰拾日及贰拾×日，叁拾日至叁拾壹日必须写成叁拾日及叁拾壹日。

（2）现金支票收款人可写为本单位名称，此时现金支票背面“被背书人”栏内加盖本单位的财务专用章和法人章，之后收款人可凭现金支票直接到开户银行提取现金。

现金支票收款人可写为收款人个人姓名，此时现金支票背面不盖任何章，收款人在现金支票背面填上身份证号码和发证机关名称，凭身份证和现金支票签字领款。

转账支票收款人应填写为对方单位名称。转账支票背面本单位不盖章。收款单位取得转账支票后，在支票背面被背书栏内加盖收款单位财务专用章和法人章，填写好银行进账单后连同该支票交给收款单位的开户银行，委托银行收款。

（3）付款行名称、出票人账号：即为本单位开户银行名称及银行账号，例如：工行高新支行九莲分理处1202027409900088888，账号小写。

（4）人民币（大写）：数字大写写法：零、壹、贰、叁、肆、伍、陆、柒、捌、玖、亿、万、仟、佰、拾。

（5）人民币小写：最高金额的前一位空白格用“￥”字头封掉，数字填写要求完整清楚。

（6）用途：

①现金支票有一定限制，一般填写“备用金”“差旅费”“工资”“劳务费”等。

②转账支票没有具体规定，可填写如“货款”“代理费”等。

（7）盖章：支票正面盖财务专用章和法人章，缺一不可，印泥为红色，印章必须清晰，印章模糊只能将本张支票作废，换一张重新填写，重新盖章。反面盖章与否见“2. 收款人”。

（8）提示：

①支票正面不能有涂改痕迹，否则本支票作废。

②受票人如果发现支票填写不全，可以补记，但不能涂改。

③支票的有效期为10天，日期首尾算一天。节假日顺延。

④支票见票即付，不记名。（丢了支票尤其是现金支票可能就是票面金额数目的钱丢了，银行不承担责任。现金支票一般要素填写齐全，假如支票未被冒领，在开户银行挂失；转账支票假如支票要素填写齐全，在开户银行挂失，假如要素填写不齐，到票据交换中心挂失。）

⑤出票单位现金支票背面有印章盖模糊了，可把模糊印章打叉，重新再盖一次。

⑥收款单位转账支票背面印章盖模糊了（此时票据法规定是不能以重新盖章方法来补救的），收款单位可带转账支票及银行进账单到出票单位的开户银行去办理收款手续（不用付手续费），俗称“倒打”，这样就用不着到出票单位重新开支票了。

（9）背书。转账支票可以背书转让；现金支票不得背书转让。背书是指持票人为将票据权利转让给他人或者将一定的票据权利授予他人行使，而在票据背面或者粘单上记载有关事项并签章的行为。支票仅限于在其票据交换区域内背书转让。已背书转让的票据，背书应当连续。持票人以背书连续，证明其票据权利。

六、汇票

汇票是出票人签发的，委托付款人在见票时，或者在指定日期无条件支付确定的金额给收款人或者持票人的票据，按付款人的不同分为银行汇票、商业汇票。

银行承兑汇票是商业汇票的一种，指由在承兑银行开立存款账户的存款人签发，向开户银行申请并经银行审查同意承兑的，保证在指定日期无条件支付确定的金额给收款人或持票人的票据。图3-1-4为银行承兑汇票卡片、图3-1-5为银行承兑汇票。

银行承兑汇票（卡片） 1 BB 01 02208790

出票日期（大写） 贰零壹玖年零玖月壹拾伍日

全　　称	新疆TH农机制造有限公司	收款人	全　　称	新疆龙海商贸有限公司
账　　号	65**********122068012		账　　号	06******0132
开户银行	北京南路支行		开户银行	农行天津路支行
出票金额 人民币（大写）	肆万陆仟捌佰元整		亿千百十万千百十元角分	¥ 4 6 8 0 0 0 0
汇票到期（大写）	贰零贰零年零叁月壹拾伍日	付款行	行号	3 1885
承兑协 编号	019-36		地址	北 南路88号
本汇票请你行承兑，此项汇票款我单位按承兑协议于到期日前足额交存你行，到期请予以支付。 新疆TH农机制造有限公司 财务专用章　华辛印俊 出票人盖章	备注：		复核　记账	

图 3-1-4　银行承兑汇票卡片

银行承兑汇票 2 BB 01 02208790

出票日期（大写） 贰零壹玖年零玖月壹拾伍日

全　　称	新疆TH农机制造有限公司	收款人	全　　称	新疆龙海商贸有限公司
账　　号	65**********122068012		账　　号	06******0132
开户银行	北京南路支行		开户银行	农行天津路支行
出票金额 人民币（大写）	肆万陆仟捌佰元整		亿千百十万千百十元角分	¥ 4 6 8 0 0 0 0
汇票到期（大写）	贰零贰零年零叁月壹拾伍日	付款行	行号	301885
承兑协 编号	019-3		地址	北京南路88号
本汇票请你行承兑，到期无条件付款 新疆TH农机制造有限公司 财务专用章　华辛印俊 出票人盖章	本汇票请你行承兑，到期日由本行付款。 交通银行 北京南路支行 2019.09.15 汇票专用章 承兑行签章 承兑日期 2019年9月15日		复核　记账	

图 3-1-5　银行承兑汇票

商业承兑汇票是由一个单位自己签发的，委托付款人在指定日期无条件支付确定的金额给收款人或者持票人的票据。商业承兑汇票是由银行以外的付款人承兑。商业承兑汇票按交易双方约定，由销货企业或购货企业签发，但由购货企业承兑。商业汇票承兑期限最长不得超过 6 个月，见图 3-1-6 商业承兑汇票。

<table>
<tr><td colspan="17">商业承兑汇票　　2</td></tr>
<tr><td colspan="17">出票日期（大写）　贰零壹玖年零玖月零贰日</td></tr>
<tr><td rowspan="3">付款人</td><td>全　称</td><td>昌吉市三乐农机公司</td><td rowspan="3">收款人</td><td>全　称</td><td colspan="12">新疆 TH 农机制造有限公司</td></tr>
<tr><td>账　号</td><td>30048003******77777</td><td>账　号</td><td colspan="12">65**********122068012</td></tr>
<tr><td>开户银行</td><td>工行环城路支行</td><td>开户银行</td><td colspan="12">北京南路支行</td></tr>
<tr><td colspan="2" rowspan="2">出票金额
人民币（大写）</td><td colspan="4" rowspan="2">肆拾贰万元整</td><td>亿</td><td>千</td><td>百</td><td>十</td><td>万</td><td>千</td><td>百</td><td>十</td><td>元</td><td>角</td><td>分</td></tr>
<tr><td></td><td></td><td>¥</td><td>4</td><td>2</td><td>0</td><td>0</td><td>0</td><td>0</td><td>0</td><td>0</td></tr>
<tr><td colspan="2">汇票到期（大写）</td><td colspan="2"></td><td colspan="2">交易合同号</td><td colspan="11"></td></tr>
<tr><td colspan="4">本汇票已经本单位承兑，到期日无条件支付票款

承兑人盖章
承兑日期　　年　月　日</td><td colspan="13">本汇票请予以承兑于到期日付款。

出票人签章</td></tr>
</table>

图 3-1-6　商业承兑汇票

七、网上银行

网上银行又称网络银行、在线银行或电子银行，它是各银行在互联网中设立的虚拟柜台。银行利用网络技术，通过互联网向客户提供开户、销户、查询、对账、行内转账、跨行转账、信贷、网上证券、投资理财等传统服务项目，使客户足不出户就能够安全、便捷地管理活期和定期存款、支票、信用卡及个人投资等。

一般来说，网上银行的业务品种主要包括基本网银业务、网上投资、网上购物、个人理财助理、企业银行及其他金融服务。

1. 基本网银业务

商业银行提供的基本网上银行服务包括在线查询账户余额、交易记录，下载数据，转账和网上支付等。

2. 网上投资

由于金融服务市场发达，可以投资的金融产品种类众多，国外的网上银行提供包括股票、期权、共同基金投资和 CDS 买卖等多种金融产品服务。

3. 网上购物

商业银行的网上银行设立的网上购物协助服务，大大方便了客户网上购物，为客户在相同的服务品种上提供了优质的金融服务或相关的信息服务，加强了商业银行在传统竞争领域的竞争优势。

4. 个人理财助理

个人理财助理是国外网上银行重点发展的一个服务品种。各大银行将传统银行业务中的理财助理转移到网上进行，通过网络为客户提供理财的各种解决方案，提供咨询建议，或者提供金融服务技术的援助，从而极大地扩大了商业银行的服务范围，并降低了相关的服务成本。

5. 企业银行

企业银行服务是网上银行服务中最重要的部分之一。其服务品种比个人客户的服务品种更多，也更为复杂，对相关技术的要求也更高，所以能够为企业提供网上银行服务是商业银行实力的象征之一，一般中小网上银行或纯网上银行只能部分提供，甚至完全不提供这方面的服务。

6. 其他金融服务

除了银行服务外，大商业银行的网上银行均通过自身或与其他金融服务网站联合的方式，为客户提供多种金融服务产品，如保险、抵押和按揭等，以扩大网上银行的服务范围。

八、进账单

银行进账单是持票人或收款人将票据款项存入其开户银行账户的凭证，也是开户银行将票据款项记入持票人或收款人账户的凭证。

持票人填写银行进账单时，必须清楚地填写票据种类、票据张数、收款人名称、收款人开户银行及账号、付款人名称、付款人开户银行及账号、票据金额等栏目，并连同相关票据一并交给银行经办人员。对于二联式银行进账单，银行受理后，银行应在第一联上加盖转讫章并退给持票人，持票人凭此记账。见图 3-1-7 进账单。

九、日记账

1. 现金日记账

现金日记账是由出纳人员根据审核无误的现金收付凭证，序时逐笔登记的账簿。现金日记账一般采用“三栏式”，即在日记账中分别设置“收入”栏（借方）、“支出”栏（贷方）和“结存”栏（余额）。

2. 银行存款日记账

银行存款日记账是由出纳人员根据审核无误的记账凭证，序时逐笔登记银行存款的账簿。银行存款日记账的登记方法与三栏式现金日记账的登记方法相同。

交通银行 进账单（受理回单） 1

2019 年 9 月 1 日

出票人	全　称	乌鲁木齐万发公司	收款人	全　称	新疆 TH 农机制造有限公司
	账　号	3001******022555123		账　号	65**********122068012
	开户行社	工行乌鲁木齐迎宾路支行		开户行社	北京南路支行
人民币（大写）陆万壹仟元整				亿 千 百 十 万 千 百 十 元 角 分	¥ 6 1 0 0 0 0 0
票据种类	转账支票				
票据张数	1				
复核　记账				受理信用社盖章	

交通银行 北京南路支行 ★ 20190901 ★ 转（2）讫

图 3-1-7 进账单

3. 日记账登记要求

（1）出纳必须根据审核无误的会计凭证登记。登账时，应将会计凭证的日期、种类和编号、业务的内容摘要、金额等逐项记入账内，同时要在会计凭证上注明账簿的页数，或画“√”符号，表示已经登记入账，防止漏记、重记和错记的情况发生。出纳人员对认为有问题的会计凭证，应提交会计主管人员进一步审核，在审核结果未出来前，出纳人员可以拒绝入账。

（2）各种账簿都必须逐页、逐行顺序连续登记，不得隔页、跳行，若出现空行或隔页应用红线对角划掉，并由记账人员盖章。

（3）出纳人员应每天逐笔登记已发生的经济业务，且按日结出余额。在“借或贷”栏内写明“借”或“平”字。现金日记账余额每天还要与库存现金进行核对。

（4）账簿中书写的文字和数据适当留空，不要写满格。书写文字应紧靠底线，书写数据应紧靠底线，一般应占格距的 1/2。

（5）登记日记账要用蓝、黑墨水笔书写，红色墨水笔只能在结账、画线和冲账时使用。同时为了使账簿记录保持清晰，字迹必须要工整。

（6）每登记满一张账页结转下页时，需要最后一行结出本页发生总额，然后，将总额和余额转抄下页，在本页的摘要栏内写明“过次页”，在下页的摘要栏内写明“承前页”。在登账过程中出现错误，采用正确的方法予以更正，不得刮、擦、挖、补。见表 3-1-1 银行存款日记账的登记。

表 3-1-1　登记银行存款日记账

2019年		凭证编号	摘　要	借　方	贷　方	余　额
月	日					
2	28		期初余额			205 200.00
3	1	1	销售收款	14 000.00		219 200.00
3	2	2	支付货款		60 000.00	159 200.00
:	:	:	:	:	:	:
:	:	:	:	:	:	:
			过次页	1 113 600.00	295 660.00	1 023 140.00

2019年		凭证编号	摘　要	借　方	贷　方	余　额
月	日					
			承前页	1 113 600.00	295 660.00	1 023 140.00
:	:	:	:	:	:	:
:	:	:	:	:	:	:
3	21	30	购支票		15.00	516 800.00
3	22	31	付社保款		115 570.56	401 229.44
			本月合计	2 357 900.00	2 161 870.56	401 229.44
			累计	2 357 900.00	2 161 870.56	401 229.44

附加信息：	收款人签章　王红 2019 年 9 月 1 日
	身份证件名称：身份证　发证机关：CJ 市公安局
	号码 652301 ******** 2812

根据《中华人民共和国票据法》等法律法规的规定，签发空头支票处以票面金额 5%但不低于 1 000 元的罚款。

师傅要求：

注意事项：

（1）支票正面不能有涂改痕迹，否则本支票作废。

（2）受票人如果发现支票填写不全，可以补记，但不能涂改。

（3）支票的有效期为 10 天，日期首尾算一天。节假日顺延。所以支票日期要根据实际情况填写。

（4）支票背面，出纳签字，填写身份证号码。

步骤 5. 盖法人章

交通银行
现金支票存根
06037322
附加信息：

出票日期 2019 年 9 月 1 日

收款人：	TH 农机
金　额：	¥5000.00
用　途：	备用

单位主管　　会计王红

交通银行　现金支票　06037322

出票日期(大写) 贰零壹玖年零玖月零壹日　付款行名称：北京南路支行

收款人：新疆 TH 农机制造有限公司　出票人账号：0122068012

人民币(大写)	亿	千	百	十	万	千	百	十	元	角	分
伍仟元整					¥	5	0	0	0	0	0

用途　备用　　密码

上列款项请从　　行号

我账户内支付

出票人签章　　华辛印俊　复核　　记账

附加信息：	华辛印俊 收款人签章　王红 2019 年 9 月 1 日
	身份证件名称：身份证　发证机关：CJ 市公安局
	号码 652301********2812

根据《中华人民共和国票据法》等法律法规的规定，签发空头支票处以票面金额 5% 但不低于 1 000 元的罚款。

师傅要求：出纳加盖法人章，盖章时，靠右，给财务专用章留足位置。

步骤 6. 盖财务专用章

交通银行
现金支票存根
06037322
附加信息：

出票日期 2019 年 9 月 1 日

收款人：	TH 农机
金　额：	¥5000.00
用　途：	备用

单位主管　　会计王红

交通银行　现金支票　06037322

出票日期(大写) 贰零壹玖年零玖月零壹日　付款行名称：北京南路支行

收款人：新疆 TH 农机制造有限公司　出票人账号：0122068012

人民币(大写)		亿	千	百	十	万	千	百	十	元	角	分
	伍仟元整					¥	5	0	0	0	0	0

用途　备用　　密码

上列款项请从　　行号

我账户内支付

出票人签章　新疆TH农机制造有限公司 财务专用章　华辛印俊　　复核　　记账

附加信息：

新疆TH农机制造有限公司 财务专用章　华辛印俊

收款人签章　王红

2019 年 9 月 1 日

身份证件名称：身份证　发证机关：CJ 市公安局

号码 652301********2812

根据《中华人民共和国票据法》等法律法规的规定，签发空头支票处以票面金额 5% 但不低于 1 000 元的罚款。

师傅要求：主管会计加盖财务专用章，盖章要清晰、完整。

步骤 7. 交开户银行，取现

交通银行　现金支票　06037322

出票日期(大写) 贰零壹玖年零玖月零壹日　付款行名称：北京南路支行

收款人：新疆 TH 农机制造有限公司　出票人账号：0122068012

人民币(大写)		亿	千	百	十	万	千	百	十	元	角	分
	伍仟元整					¥	5	0	0	0	0	0

用途　备用　　密码

上列款项请从　　行号

我账户内支付

出票人签章　新疆TH农机制造有限公司 财务专用章　华辛印俊　　复核　　记账

附加信息：	新疆TH农机制造有限公司 财务专用章 华辛印鉴 收款人签章 王红 2019年9月1日
	身份证件名称：身份证　发证机关：CJ市公安局
	号码 652301********2812

根据《中华人民共和国票据法》等法律法规的规定，签发空头支票处以票面金额5%但不低于1 000元的罚款。

师傅要求：(1) 现金支票存根剪下，准备账务处理。(2) 当场点清。借助银行柜员使用点钞机清点，观察点钞动作与计数，无误后，即可。

步骤 8. 存入保险柜，传递票据

提现申请单

0020001

2019 年 9 月 1 日

提现单位	新疆 TH 农机制造有限公司		开 户 行	北京南路支行	
用途	提现备用		账　　号	65 ********** 122068012	
上次提现时间	2019. 8. 20		上次金额	3000. 00	
本次金额（大写）	伍仟元整　　¥5000. 00				
申请部门	财务部	部门领导		申请人	王红
会计	赵正新	财务总监	张振中	总经理	

交通银行

现金支票存根

06037322

附加信息：

出票日期：2019 年 9 月 1 日

收款人：	TH 农机
金　额：	¥5000. 00
用　途：	备用

单位主管　　　　会计王红

师傅要求：将提现申请单、现金支票存根粘贴好传递给主管会计进行账务处理。

步骤 9. 登记库存现金、银行存款日记账

记 账 凭 证

2019 年 9 月 1 日　　　　第 1 号

摘要	会计科目	明细科目	√	借方余额									贷方余额								
				百	十	万	千	百	十	元	角	分	百	十	万	千	百	十	元	角	分
提现	库存现金		√				5	0	0	0	0	0									
	银行存款		√													5	0	0	0	0	0
合计		（附件 2 张）				¥	5	0	0	0	0	0			¥	5	0	0	0	0	0

会计主管张振中　　记账　　稽核　　填制赵正新

银行存款日记账

2019 年		凭证编号	摘　要	借　方	贷　方	余　额
9 月	日					
	1		期初余额			201800.00
	1	1	提现		5000.00	196800.00

师傅要求：

（1）日期、凭证号与记账凭证相同，摘要：提现，贷方金额：5 000.00 元，登记完毕，在记账凭证银行存款行“√”处画√表示记账。

（2）银行存款日记账每一笔均需要结出余额，做到日清月结。

【业务知识】

日清月结就是出纳办理现金出纳业务，必须做到按日清理，按月结账。日清月结是出纳办理现金出纳工作的基本原则和要求，也是避免出现长款、短款的重要措施。

这里所说的按日清理，是指出纳应对当日的经济业务进行清理，全部登记日记账，结出库存现金账面余额，并与库存现金实地盘点数核对相符。

内容：

（1）清理各种现金收付款凭证，检查单证是否相符，也就是说各种收付款凭证所填写的内容与所附原始凭证反映的内容是否一致；同时还要检查每张单证是否已经盖齐"收讫""付讫"的戳记。

（2）登记和清理日记账。将当日发生的所有现金收付业务全部登记入账，在此基础上，看看账证是否相符，即现金日记账所登记的内容、金额与收、付款凭证的内容、金额是否一致。清理完毕后，结出现金日记账的当日库存现金账面余额。

（3）现金盘点。出纳应按券别分别清点其数量，然后加总，即可得出当日现金的实存数。将盘存得出的实存数和账面余额进行核对，看两者是否相符。如发现有长款或短款，应进一步查明原因，及时进行处理。所谓长款，指现金实存数大于账存数；所谓短款，是指实存数小于账面余额。如果经查明长款属于记账错误、丢失单据等，应及时更正错账或补办手续；如属少付他人则应查明退还原主；如果确实无法退还，应经过一定审批手续可以作为单位的收益。对于短款如查明属于记账错误应及时更正错账；如果属于出纳工作疏忽或业务水平问题，一般应按规定由过失人赔偿。

（4）检查库存现金是否超过规定的现金限额。如实际库存现金超过规定库存限额，则出纳应将超过部分及时送存银行；如果实际库存现金低于库存限额，则应及时补提现金。

库存现金日记账

2019 年		凭证编号	摘　要	借　方	贷　方	余　额
9 月	日					
	1		期初余额			2 800.00
	1	1	提现	5 000.00		7 800.00

师傅要求：

（1）日期、凭证号与记账凭证相同，摘要：提现，借方金额：5 000.00 元，登记完毕，在记账凭证库存现金行"√"处画√表示记账。

（2）库存现金日记账每一笔均需要结出余额，做到日清日结。

【业务知识】日清日结指每日营业终了，出纳部门要办理结账，核对库存现金和实物，与会计部门库存现金和有关科目总账余额进行核对，保证账款、账实相符。

【工作任务实施记录与评价】

学徒岗位考核表

学校：____________ 班级：____________ 学徒姓名：____________ 日期：____________

岗位任务		
自我鉴定（10分）	职业素养（3分）	□优 □良 □一般 □较差
	工作态度（3分）	□优 □良 □一般 □较差
	出勤率（1分）	□优 □良 □一般 □较差
	专业技能（3分）	□优 □良 □一般 □较差
	得分与反思	
岗位表现（50分）	得分： 企业带教师傅签名： 日期：	
专业技能（40分）	程序掌握（10分）	□优 □良 □一般 □较差
	票据填写（10分）	□优 □良 □一般 □较差（填写 张）
	熟练程度（10分）	□优 □良 □一般 □较差
	结算工具（10分）	□优 □良 □一般 □较差
	得分： 师傅签名： 教师签名： 日期：	
综合得分	（1）得分	
	（2）岗位等级	□优 □良 □中等 □及格 □不及格

任务2 借差旅费

2019年9月1日，综合部部长孔庆伟预借差旅费3 000.00元，以现金支付。在师傅指导下，复核借款单，点钞，盖现金付讫章，整理票据，传递会计账务处理，财务总监审核，登记日记账。

【任务目标与质量要求】

复核借款单，整理票据，规范登记日记账。

【学习产出目标】

把握复核借款单重点，规范高效整理票据，规范登记日记账。描述借差旅费现金支付的工作程序。

【工作程序与方法要求】

步骤1. 审核借款单

借款单

2019年9月1日

借款部门或姓名： 孔庆伟					
借款事由： 预借差旅费					
共需天数： 10					
借款金额（人民币大写）：叁仟元整 （小写）￥3 000.00					
领导批示	辛俊华	财务负责人	张振中	借款人签章	孔庆伟

师傅要求：

首先问孔庆伟借钱到哪里去，借多少；然后，看看借款单中所写内容与所说是否一致，这样审核速度快，又能起到互相印证目的；最后，看看本人的签字，有本人的签字，可便于事后查证。

步骤 2. 付款、盖章、传递会计

借　款　单

2019 年 9 月 1 日

借款部门或姓名：孔庆伟					
借款事由：预借差旅费					
共需天数：　10			现金付讫		
借款金额(人民币大写)：叁仟元整			(小写)¥3 000.00		
领导批示	辛俊华	财务负责人	张振中	借款人签章	孔庆伟

师傅要求：

(1) 清点现金 3 000.00 元，交于孔庆伟，让他当面点清，无误后，在借款单上加盖现金付讫章。

(2) 整理票据，传递给主管会计进行账务处理，财务总监审核。

步骤 3. 登记库存现金日记账

记　账　凭　证

2019 年 9 月 1 日　　　　第 2 号

摘要	会计科目	明细科目	√	借方余额									贷方余额								
				百	十	万	千	百	十	元	角	分	百	十	万	千	百	十	元	角	分
借差旅费	其他应收款	孔庆伟					3	0	0	0	0	0									
	库存现金		√													3	0	0	0	0	0
合计		（附件 1 张）				¥	3	0	0	0	0	0			¥	3	0	0	0	0	0

会计主管张振中　　记账　　稽核　　填制赵正新

库存现金日记账

2019 年		凭证编号	摘　要	借　方	贷　方	余　额
9 月	日					
	1		期初余额			2 800.00
	1	1	提现	5 000.00		7 800.00
	1	2	孔庆伟借差旅费		3 000.00	4 800.00

师傅要求：

(1) 日期、凭证号与记账凭证相同。摘要：孔庆伟借差旅费，写上孔庆伟这个名字是便于今后查账，贷方金额：3 000.00 元，登记完毕，在记账凭证库存现金行“√”处画√表示记账。

(2) 库存现金日记账每一笔均需要结出余额。

【工作任务实施记录与评价】

学徒岗位考核表

学校：__________班级：__________学徒姓名：__________日期：__________

岗位任务		
自我鉴定（10 分）	职业素养（3 分）	□优 □良 □一般 □较差
	工作态度（3 分）	□优 □良 □一般 □较差
	出勤率（1 分）	□优 □良 □一般 □较差
	专业技能（3 分）	□优 □良 □一般 □较差
	得分与反思	
岗位表现（50 分）	得分： 企业带教师傅签名： 日期：	
专业技能（40 分）	程序掌握（10 分）	□优 □良 □一般 □较差
	票据填写（10 分）	□优 □良 □一般 □较差（填写 张）
	熟练程度（10 分）	□优 □良 □一般 □较差
	结算工具（10 分）	□优 □良 □一般 □较差
	得分： 师傅签名： 教师签名： 日期：	
综合得分	（1）得分	
	（2）岗位等级	□优 □良 □中等 □及格 □不及格

任务3　销售商品收到现金

2019 年 9 月 1 日，新疆 TH 农机制造有限公司销售给玛纳斯县王树德播种机一台 14 000.00 元，收款手续办妥，现金交款，面值为 100 元的有 100 张，面值为 50 元的有 80 张。在师傅指导带领下，复核销售结算单、出库单、增值税普通发票，点钞，盖现金收讫章并签字，填制现金缴款单，整理票据，传递会计账务处理，财务总监审核，登记现金日记账。

【任务目标与质量要求】

复核销售结算单、出库单、增值税普通发票，点钞，盖现金收讫章并签字，填制现金缴款单，整理票据，登记现金日记账。

【学习产出目标】

把握复核销售结算单、出库单、增值税普通发票重点，训练点钞方法，盖好现金收讫章并签字，标准填制现金缴款单，规范整理票据，规范登记现金日记账。描述销售收取现金业务的工作程序。

【工作程序与方法要求】

步骤 1. 复核销售结算单

销售结算单　　　　**00002001**

2019 年 9 月 1 日

购货单位：玛纳斯县乐土驿镇长＊村一组王树德　　　　**税　　号：**

地址电话：189 ** 1133**　　　　**银行账号：**

品名规格	单位	数量	单价	金额	备注
播种机	台	1	14 000	14 000	
合　　计				14 000.00	
结算方式	现金				

第一联　存根

销售经理：任洪宾　**会计：**刘虹　**出纳：**　**制单：**王燕　**提货：**王树德

销售结算单　　　00002001

2019 年 9 月 1 日

购货单位：玛纳斯县乐土驿镇长＊村一组王树德　　　税　　号：

地址电话：189 ＊＊＊＊ 1133　　　银行账号：

品名规格	单位	数量	单价	金额	备注
播种机	台	1	14 000	14 000	
合　计				14 000.00	
结算方式	现金				

第二联　会计

销售经理：任洪宾　　会计：刘虹　　出纳：　　制单：王燕　　提货：王树德

销售结算单　　　00002001

2019 年 9 月 1 日

购货单位：玛纳斯县乐土驿镇长＊村一组王树德　　　税　　号：

地址电话：189 ＊＊＊＊ 1133　　　银行账号：

品名规格	单位	数量	单价	金额	备注
播种机	台	1	14 000	14 000	
合　计				14 000.00	
结算方式	现金				

第三联　记账

销售经理：任洪宾　　会计：刘虹　　出纳：　　制单：王燕　　提货：王树德

师傅要求：

（1）客户信息是否齐全，包括单位或地址是否详细，有无联系方式，便于售后联系。

（2）销售单价是否符合本单位销售规定，有无畸高畸低。

（3）销售内勤是否签字，销售经理是否审批，销售会计是否签字，购货人是否签字。

（4）联次是否齐全，日期是否正确。

步骤 2．核对出库单

出库单

领用单位：玛纳斯县乐土驿镇长＊村一组王树德 **用途：**销售　　2019 年 9 月 1 日

品名规格	单位	数量	单价	金额	备注
播种机	台	1	8 235	8 235	
小　计				8 235.00	

第一联　存根

领料人：王燕　　**库号：**3　　**保管：**陈燕

出库单

领用单位：玛纳斯县乐土驿镇长＊村一组王树德 **用途：**销售　　2019 年 9 月 1 日

品名规格	单位	数量	单价	金额	备注
播种机	台	1	8 235	8 235	
小　计				8 235.00	

第二联　会计

领料人：王燕　　**库号：**3　　**保管：**陈燕

出库单

领用单位：玛纳斯县乐土驿镇长＊村一组王树德 **用途：**销售　　2019 年 9 月 1 日

品名规格	单位	数量	单价	金额	备注
播种机	台	1	8 235	8 235	
小　计				8 235.00	

第三联　记账

领料人：王燕　　**库号：**3　　**保管：**陈燕

师傅要求：

(1) 用途是否正确。在工业企业中，出库单的用途有生产产品领用材料、管理部门领用材料、销售部门领用材料、对外销售多余材料、在建工程领用材料、销售产品等，这里的用途是销售产品。

(2) 出库单中的单价是该种产品的生产成本，其金额可用先进先出法、月末一次加权平均法、移动加权平均法、个别计价法计算确定。

(3) 销售内勤是否签字，保管是否签字。

(4) 联次是否齐全，日期是否正确。

步骤 3. 复核增值税普通发票

新疆增值税普通发票

全国统一发票监制章 新疆 国家税务总局监制

6500133140　　　　№ 00223333

开票日期：2019 年 9 月 1 日

购货单位	名　　称：玛纳斯县乐土驿镇长*村一组王树德 纳税人识别号： 地 址、电 话：189****1133 开户行及账号：	密码区	

货物及应税劳务名称	规格型号	单位	数量	单价	金额	税率	税额
播种机		台	1	12727. 27	12727.27	10%	1272.73
合　　计				12727.27	¥12727.27		¥1272.73
价税合计(大写)	⊗壹万肆仟元整				(小写)¥14000.00		

销货单位	名　　称：新疆 TH农机制造有限公司 纳税人识别号：65******0101100 地 址、电 话：昌吉市北京南路 203 号 2**6688 开户行及账号：交行北京南路支行 0122068012	备注	新疆TH农机制造有限公司 65******0101100 发票专用章

收款人：　　　复核：赵正新　　　开票人：刘虹　　　销货单位(章)：

第一联 记账联 销货方记账凭证

新疆增值税普通发票

全国统一发票监制章 新疆 国家税务总局监制

6500133140　　　　№ 00223333

发票联

开票日期：2019 年 9 月 1 日

购货单位	名　　称：玛纳斯县乐土驿镇长*村一组王树德 纳税人识别号： 地 址、电 话：189****1133 开户行及账号：	密码区	

货物及应税劳务名称	规格型号	单位	数量	单价	金额	税率	税额
播种机		台	1	12727.27	12727.27	10%	1272.73
合　　计				12727.27	¥12727.27		¥1272.73
价税合计(大写)	⊗壹万肆仟元整				(小写)¥14000.00		

销货单位	名　　称：新疆 TH农机制造有限公司 纳税人识别号：65******0101100 地 址、电 话：昌吉市北京南路 203 号 2**6688 开户行及账号：交行北京南路支行 0122068012	备注	新疆TH农机制造有限公司 65******0101100 发票专用章

收款人：　　　复核：赵正新　　　开票人：刘虹　　　销货单位(章)：

第二联 发票联 购货方记账凭证

> 师傅要求：
>
> （1）销货单位、购货单位信息是否齐全，此笔业务中购货方为个人，可以填写详细地址、姓名、电话。

（2）发票中的数量、单价、金额、税额是否正确，其计算方法为：金额＝含税金额÷（1＋税率）＝14 000÷（1＋10%）＝12 727.27（保留两位小数）；税额＝含税金额÷（1＋税率）×税率＝14 000÷（1＋11%）×10%＝1 272.73（保留两位小数），或＝含税金额－不含税金额＝14 000－12 612.61＝1 387.39；单价＝金额÷数量＝12 612.61÷1＝12 612.61。

（3）开票人是否签字，主管会计是否签字，发票专用章是否加盖，加盖位置在销货单位（章）处区域，下边和右边不可超出发票边缘。

（4）联次是否齐全，日期是否正确。

步骤 4. 点钞

师傅要求：

（1）打开点钞机的电源开关和计数器开关。

（2）将钞票按面额 100 元、50 元两种分类，分别放置整齐。

（3）放入钞票。取过面额 100 元钞票，右手横握钞票，将钞票捻成前高后低的坡形后横放在点钞板上，放钞时顺着点钞板形成自然斜度，点钞机进行正常清点。

（4）监视点钞。100 元钞票进入点钞机后，点钞人员的目光要迅速盯住输钞带，检查是否有夹杂券、破损券、假钞或其他异物。

（5）取出钞票。当 100 元钞票全部下到积钞台后，看清计数器显示的数字并与应点金额相符后，以左手二指、中指将钞票取出。

（6）重复（3）、（4）、（5）步骤，点验 50 元钞票。

（7）立即收好，暂时放入抽屉，后再整理。

步骤 5. 盖现金收讫章并给交款人开收据并签字

师傅要求：盖章、签字。

（1）出纳分别在销售结算单、出库单、增值税普通发票上的所有联次盖现金收讫章，并在销售结算单出纳处、出库单库号处、增值税普通发票收款人处的所有联次签字。盖章时，尽量让出关键数字，以防因盖章而覆盖内容。因票据较多，仅显示其中一张。

（2）分发增值税普通发票。发票联给客户，记账联留下。

步骤 6. 填制现金缴款单

新疆增值税普通发票

全国统一发票监制章 新疆

6500133140 　　　　发票联　　　　№ 00223333

开票日期：2019 年 9 月 1 日

购货单位	名　　称：玛纳斯县乐土驿镇长*村一组王树德 纳税人识别号： 地 址、电 话：189****1133 开户行及账号：			密码区			
货物及应税劳务名称	规格型号	单位	数量	单价	金额	税率	税额
播种机		台	1	12727.27	12727.27	10%	1272.73
合　计				12727.27	¥12727.27		¥1272.73
价税合计(大写)	⊗壹万肆仟元整			(小写)¥14000.00			
销货单位	名　　称：新疆 TH农机制造有限公司 纳税人识别号：65******0101100 地 址、电 话：昌吉市北京南路 203 号 2**6688 开户行及账号：交行北京南路支行 0122068012			备注	新疆TH农机制造有限公司 65******0101100 发票专用章		

现金收讫

收款人：王红　　复核：赵正新　　开票人：刘虹　　销货单位(章)：

第二联 发票联 购货方记账凭证

交通银行现金缴款单

客户填写部分														
收款人户名	新疆 TH 农机制造有限公司						日　期	2019 年 9 月 1 日						
收款人账号	65 ********** 122068012						收款人开户行	北京南路支行						
缴款人	王红						款项来源	货款						
金额	大写壹万肆仟元整						亿	千	百	十	万	千	百	十	元	角	分
										¥	1	4	0	0	0	0	0
券别	100 元	50 元	20 元	10 元	5 元	2 元	1 元			辅币（金额）				
张数	100	80												

师傅要求：

(1) 户名应写全称，不能简写，其他如实填写。

(2) 现金缴款单是单位到银行账户（本单位或其他单位的银行账户）存现金时，需要填写的凭证，一般第一联加盖相关印章作为银行的记账凭证，第二联银行加盖相关印章后退给单位作为回单，装订入传票。相关印章是指：现金收讫章或办讫章。现金缴款单适用于企业客户，具有法律效力，一联作为回单，一联作为记账凭证装订入传票，加盖现金收讫章或办讫章。

(3) 现金缴款单应视具体情况进行填写，可以合并，特别项目可以分开，但应注意库存现金限额的要求。

库存现金限额，是指实行现金管理的单位，根据日常零星现金开支需要，由银行核定的现金库存额度，是现金管理制度的一项内容。在我国，由单位提出申请，银行本着既有利于资金集中，又能满足单位日常零星现金支付需要的原则审核。一般按开户单位 3～5 天的零星开支所需现金核定；对离银行较远、交通不便的单位的库存现金限额，可以多于 5 天，但最高不得超过 15 天的日常零星开支所需现金。超过限额的现金，应及时送存银行。库存现金限额一般每年调整一次，单位如因业务发展变化需要调整，可向银行提出申请，由银行予以核定。

库存现金限额的计算方式一般是：

库存现金＝前一个月的平均每天支付的数额(不含每月平均工资数额)×限定天数

步骤 7. 整理票据

师傅要求：

（1）盖有现金收讫章及出纳签字的销售结算单、出库单，出纳将存根联交销售内勤，记账联留下，会计联交销售会计。增值税普通发票、销售结算单、出库单的记账联，现金缴款单交主管会计，进行账务处理，财务总监审核。

（2）以下是传递给主管会计的票据，共 4 张。

销售结算单 00002001

2019 年 9 月 1 日

购货单位：玛纳斯县乐土驿镇长*村一组王树德　税　号：

地址电话：189****1133　银行账号：

品名规格	单位	数量	单价	金额	备注
播种机	台	1	14000	14000	
				现金收讫	
合　计				14000.00	
结算方式	现金				

第三联　记账

销售经理：任洪宾　会计：刘虹　出纳：王红　制单：王燕　提货：王树德

出 库 单

领用单位：玛纳斯县乐土驿镇长*村一组王树德 **用途：**销售　2019 年 9 月 1 日

品名规格	单位	数量	单价	金额	备注
播种机	台	1	8235	8235	
				现金收讫	
小　计				8235.00	

第三联　记账

领料人：王燕　**库号：**3　王红　**保管：**陈燕

新疆增值税普通发票

全国统一发票监制章 新疆 国家税务总局监制

6500133140　　　　№ 00223333

开票日期：2019 年 9 月 1 日

购货单位	名　　称：玛纳斯县乐土驿镇长*村一组王树德纳 税人识别号： 地 址、电 话：189****1133 开户行及账号：			密码区			
货物及应税劳务名称	规格型号	单位	数量	单价	金额	税率	税额
播种机		台	1	12727.27	12727.27	10%	1272.73
合　　计				12727.27	¥12727.27		¥1272.73
价税合计(大写)	⊗壹万肆仟元整			(小写)¥14000.00			
销货单位	名　　称：新疆 TH 农机制造有限公司 纳税人识别号：65******0101100 地 址、电 话：昌吉市北京南路 203 号 2**6688 开户行及账号：交行北京南路支行 0122068012			备注	新疆TH农机制造有限公司 65******0101100 发票专用章		

现金收讫

收款人：王红　　复核：赵正新　　开票人：刘虹　　销货单位(章)

第一联 记账联 销货方记账凭证

交通银行现金缴款单

客户填写部分	收款人户名	新疆 TH 农机制造有限公司	日　期	2019 年 9 月 1 日
	收款人账号	65**********122068012	收款人开户行	北京南路支行
	缴 款 人	王红	款项来源	货款
	金　额	大写壹万肆仟元整	亿 千 百 十 万 千 百 十 元 角 分	¥ 1 4 0 0 0 0 0

券别	100 元	50 元	20 元	10 元	5 元	2 元	1 元	辅币(金额)
张数	100	80						

交通银行 北京南路支行 20190901 办(2)讫

步骤 8. 登记现金日记账，登记银行存款日记账

记 账 凭 证

2019 年 9 月 1 日　　　　第 3 号

摘要	会计科目	明细科目	√	借方余额	贷方余额
销售商品	现金		√	14000.00	
	主营业务收入	播种机			12612.61
	应交税费	应交增值税			1387.39
现金存银行	银行存款			14000.00	
	现金				14000.00
合计	(附件 4 张)			¥28000.00	¥28000.00

会计主管张振中　　记账　　稽核　　填制赵正新

银行存款日记账

2019 年		凭证编号	摘　要	借　方	贷　方	余　额
9 月	日					
	1		期初余额			201 800.00
	1	1	提现		5 000.00	196 800.00
	1	3	销售商品	14 000.00		210 800.00

师傅要求：日期、凭证号与记账凭证相同，摘要销售商品，借方金额 14 000.00 元，登记完毕，在记账凭证银行存款行“√”处画√表示银行存款已记账。

【工作任务实施记录与评价】

学徒岗位考核表

学校：________ 班级：________ 学徒姓名：________ 日期：________

岗位任务		
自我鉴定（10 分）	职业素养（3 分）	□优　□良　□一般　□较差
	工作态度（3 分）	□优　□良　□一般　□较差
	出勤率（1 分）	□优　□良　□一般　□较差
	专业技能（3 分）	□优　□良　□一般　□较差
	得分与反思	
岗位表现（50 分）	得分：　企业带教师傅签名：　日期：	
专业技能（40 分）	程序掌握（10 分）	□优　□良　□一般　□较差
	票据填写（10 分）	□优　□良　□一般　□较差（填写　张）
	熟练程度（10 分）	□优　□良　□一般　□较差
	结算工具（10 分）	□优　□良　□一般　□较差
	得分：　师傅签名：　教师签名：　日期：	
综合得分	（1）得分	
	（2）岗位等级	□优　□良　□中等　□及格　□不及格

任务4　支付办公用品款

2019年9月1日，以现金支付购买办公用品500.00元。在师傅指导带领下，复核付款申请单、入库单、增值税专用发票，点钞，整理票据，传递会计账务处理，财务总监审核，登记现金日记账。

【任务目标与质量要求】

复核付款申请单、入库单、增值税专用发票，整理票据，登记现金日记账。

【学习产出目标】

把握复核付款申请单、入库单、增值税专用发票重点，规范整理票据，规范登记现金日记账。描述购买支付现金业务的工作程序。

【工作程序与方法要求】

步骤1. 复核付款申请单、入库单、增值税专用发票

付款申请单　　0000122

2019年9月1日

收款单位	昌吉市金星商贸有限公司		开 户 行		
付款项目	行政管理部门购买办公用品		账　　号		
付款方式	现金		应付金额	500.00	
付款金额（大写）	伍佰元整　　¥500.00				
申请部门	综合部	部门领导	孔庆伟	申请人	孙杰
会　　计	赵正新	财务总监	张振中	总经理	

新疆增值税专用发票

6500133140　　发票联　　№ 01632228

开票日期：2019 年 9 月 1 日

购货单位	名　　称：新疆 TH 农机制造有限公司 纳税人识别号：65******0101100 地 址、电 话：昌吉市北京路 203 号 2**6688 开户行及账号：65**********122068012	密码区	

货物及应税劳务名称	规格型号	单位	数量	单价	金额	税率	税额
订书机		个	10	17.699	176.99	13%	23.01
签字笔		盒	10	26.549	265.49	13%	34.51
合　　计					¥442.48		¥57.52
价税合计(大写)	伍佰元整				(小写)¥500.00		

销货单位	名　　称：昌吉市金星商贸有限公司 纳税人识别号：65******0109909 地 址、电 话：昌吉市宁边东路 100 号 2***988 开户行及账号：工行昌吉宁边东路支行 3004******018844533	备注	昌吉市金星商贸有限公司 65******0109909 发票专用章

收款人：赵迪　　复核：　　开票人：李真　　销货单位(章)：

第三联 发票联 购货方记账凭证

新疆增值税专用发票

6500133140　　抵扣联　　№ 01632228

开票日期：2019 年 9 月 1 日

购货单位	名　　称：新疆 TH 农机制造有限公司 纳税人识别号：65******0101100 地 址、电 话：昌吉市北京路 203 号 2**6688 开户行及账号：65**********122068012	密码区	

货物及应税劳务名称	规格型号	单位	数量	单价	金额	税率	税额
订书机		个	10	17.699	176.99	13%	23.01
签字笔		盒	10	26.549	265.49	13%	34.51
合　　计					¥442.48		¥57.52
价税合计(大写)	伍佰元整				(小写)¥500.00		

销货单位	名　　称：昌吉市金星商贸有限公司 纳税人识别号：65******0109909 地 址、电 话：昌吉市宁边东路 100 号 2***988 开户行及账号：工行昌吉宁边东路支行 3004******018844533	备注	昌吉市金星商贸有限公司 65******0109909 发票专用章

收款人：赵迪　　复核：　　开票人：李真　　销货单位(章)：

第二联 抵扣联 购货方扣税凭证

入库单　　0002985

供货单位：昌吉市金星商贸有限公司　　2019年9月1日

品名规格	单位	数量	单价	金额	备注
订书机	个	10	17.699	176.99	
签字笔	盒	10	26.549	265.49	
小　计				442.48	

第二联　会计

供货人：　　库号：2　　保管：高正华

复核关键点：

（1）付款申请单。首先询问孙杰，购买的是什么，从哪里买的，多少钱，然后，查看付款申请单中所写内容与所说的是否一致，这样审核速度快，又能做到互相印证，审批签字是否齐全，最后，查看本人签字。

（2）增值税专用发票。

①销货单位、购货单位信息是否齐全。

②票中的数量、单价、金额、税额是否正确，其计算方法为：金额＝含税金额÷（1＋税率），订书机金额＝200÷（1＋13％）＝176.99（保留两位小数），税额＝含税金额÷（1＋税率）×税率＝200÷（1＋13％）×13％＝23.01（保留两位小数），或＝含税金额－不含税金额＝200－176.99＝23.01；单价＝金额÷数量＝176.99÷10＝17.699；签字笔含税金额300.00，其他方法同上。

③开票人是否签字，收款人是否签字，是否加盖发票专用章，加盖位置在销货单位（章）处区域，下边和右边不可超出发票边缘。

④联次是否齐全，日期是否正确。

（3）入库单。品名规格、数量、单价、金额与发票是否相符，保管是否签字。

步骤2. 点钞、盖章、整理票据，传递给会计账务处理，财务总监审核

付款申请单　　0000122

2019年9月1日

收款单位	昌吉市金星商贸有限公司		开户行		
付款项目	行政管理部门购买办公用品		账　号		
付款方式	现金		应付金额	500.00	
付款金额（大写）	伍佰元整　　¥500.00			现金付讫	
申请部门	综合部	部门领导	孔庆伟	申请人	孙杰
会　计	赵正新	财务总监	张振中	总经理	

师傅要求：点好 500.00 元现金，交给孙杰，当面点清，请孙杰在发票上签字，并在付款申请单上盖现金付讫章。

新疆增值税专用发票

新疆 发票联 国家税务总局监制

6500133140　　　　№ 01632228

开票日期：2019 年 9 月 1 日

购货单位	名　称：新疆 TH 农机制造有限公司 纳税人识别号：65******0101100 地 址、电 话：昌吉市北京路 203 号 2**6688 开户行及账号：65**********122068012				密码区		
货物及应税劳务名称	规格型号	单位	数量	单价	金额	税率	税额
订书机		个	10	17.699	176.99	13%	23.01
签字笔		盒	10	26.549	265.49	13%	34.51
合　计					¥442.48		¥57.52
价税合计(大写)	伍佰元整				(小写)¥500.00		
销货单位	名　称：昌吉市金星商贸有限公司 纳税人识别号：65******0109909 地 址、电 话：昌吉市宁边东路 100 号 2***988 开户行及账号：工行昌吉宁边东路支行 3004******018844533				备注	昌吉市金星商贸有限公司 65******0109909 发票专用章	

收款人：赵迪　　复核：　　开票人：李真　　销货单位(章)：

第三联 发票联 购货方记账凭证

入库单　　0002985

供货单位：昌吉市金星商贸有限公司　　2019 年 9 月 1 日

品名规格	单位	数量	单价	金额	备注
订书机	个	10	17.699	176.99	
签字笔	盒	10	26.549	265.49	
小　计				442.48	

第二联 会计

供货人：　　库号：2　　保管：高正华

步骤 3. 登记现金日记账

记 账 凭 证

2019 年 9 月 1 日　　　　第 4 号

摘要	会计科目	明细科目	√	借方余额									贷方余额								
				百	十	万	千	百	十	元	角	分	百	十	万	千	百	十	元	角	分
购买办公用品	管理费用	办公费用						4	4	2	4	8									
	库存现金		√														5	0	0	0	0
	应交税费	应交增值税							5	7	5	2									
合计		（附件 3 张）					¥	5	0	0	0	0				¥	5	0	0	0	0

会计主管张振中　　记账　　稽核　　填制赵正新

库存现金日记账

2019 年		凭证编号	摘　要	借　方	贷　方	余　额
9 月	日					
	1		期初余额			2800.00
	1	1	提现	5000.00		7800.00
	1	2	孔庆伟借差旅费		3000.00	4800.00
	1	4	购买办公用品		500.00	4300.00

师傅要求：

(1) 日期、凭证号与记账凭证相同，摘要：购买办公用品，贷方金额：500.00 元，登记完毕，在记账凭证库存现金行“√”处画√表示已记账。

(2) 库存现金日记账每一笔均需要结出余额。

任务 5　收到前欠货款转账支票一张

2019 年 9 月 1 日，新疆 TH 农机制造有限公司收到乌鲁木齐万发公司签发的转账支票一张，金额为 61 000.00 元，用于归还前欠货款。在师傅指导带领下，复核转账支票，核对收据，填写转账支票，剪下支票存根联，盖章并签字，背书，填写进账单，传递票据，登记银行存款日记账。

【任务目标与质量要求】

复核转账支票，核对收据，填写转账支票，剪下支票存根联，盖章并签字，对转账支票背书，填写进账单，传递票据，登记银行存款日记账。

【学习产出目标】

能鉴别转账支票，会核对收据关键信息，规范填写转账支票，准确对转账支票背书，规范填写进账单，规范登记银行存款日记账。描述收到转账支票业务的工作程序。

【工作程序与方法要求】

步骤 1. 复核支票项目是否齐全，识别支票信息

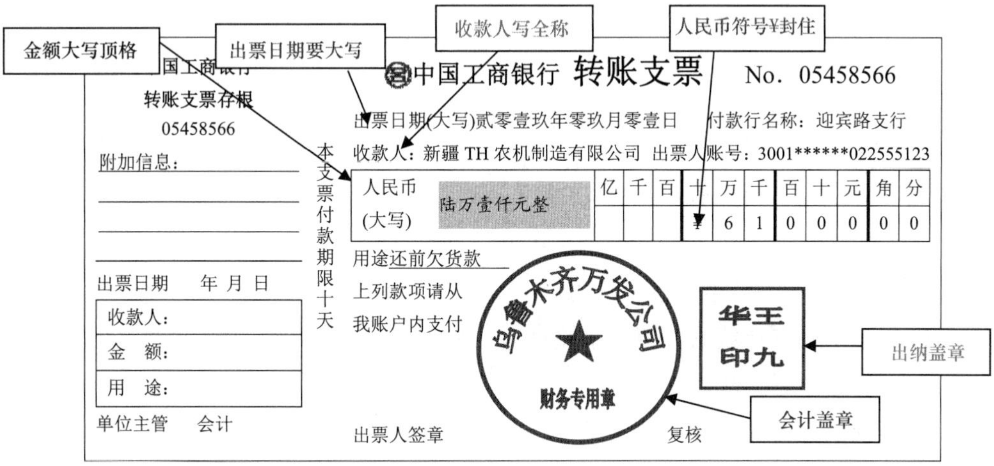

附加信息：	被背书人	被背书人
	背书人签章 年 月 日	背书人签章 年 月 日

师傅要求：

(1) 出票日期大写是否符合要求。大写规定：在填写月、日时，月为壹、贰和壹拾的，日为壹至玖和壹拾、贰拾和叁拾的，应在其前加"零"；日为拾壹至拾玖的，应在其前加"壹"。即一至十月要写为：零壹、零贰、零叁、零肆、零伍、零陆、零柒、零捌、零玖、零壹拾月；十一至十二月写为：壹拾壹月、壹拾贰月。一至十日要写为：零壹、零贰、零叁、零肆、零伍、零陆、零柒、零捌、零玖、零壹拾日；二十日写为零贰拾日、三十日写为零叁拾日，其他的日不用加零。如 11 月 12 日，写作"壹拾壹月壹拾贰日"；9 月 9 日，写作"零玖月零玖日"；10 月 10 日写作"零壹拾月零壹拾日"；10 月 20 日，写作"零壹拾月零贰拾日"。

(2) 收款人

转账支票收款人应填写为本单位名称。本单位取得转账支票后，在支票背面被背书栏内加盖收款单位财务专用章和法人章，填写好银行进账单后连同该支票交给收款单位的开户银行委托银行收款。

(3) 支票大写金额

①数字大写写法：零、壹、贰、叁、肆、伍、陆、柒、捌、玖、亿、万、仟、佰、拾。

②如￥107000.53，应写成人民币壹拾万柒仟元零伍角叁分，或者写成人民币壹拾万零柒仟元伍角叁分；￥16409.02，应写成人民币壹万陆仟肆佰零玖元零贰分；￥325.04，应写成人民币叁佰贰拾伍元零肆分；￥532.00，应写成伍佰叁拾贰元正，"正"写为"整"字也可以。

③靠紧底纹左端填写，即顶格填写。

(4) 支票小写金额

①最高金额的前一位空白格用"￥"封住，数字填写要求完整清楚。

②大小写相符。

（5）支票用途

①现金支票有一定限制，一般填写“备用金”“差旅费”“工资”“劳务费”等。

②转账支票没有具体规定，可填写如“货款”“代理费”等。如果开给个人的工程款，用途必填“劳务费”。

（6）支票正面盖章

支票正面盖财务专用章和法人章，缺一不可，印泥为红色，印章必须清晰，印章模糊只能将本张支票作废，换一张重新填写，重新盖章。盖章时两个章不能重叠，财务专用章在左，法人章在右。财务专用章和法人章分别由会计和出纳加盖，原因是岗位之间的互相牵制，保证资金的安全。

（7）注意事项

①支票不能有涂改痕迹，否则本支票作废。

②受票人如果发现支票填写不全，可以补记，但不能涂改。

③支票的有效期为 10 天，日期首尾算一天，节假日顺延。所以支票日期要根据实际情况填写。

④转账支票金额起点为 100 元。

⑤索要经办人联系方式，以防支票后期出现问题，便于换票。

步骤 2. 核对收据

收　　据　　0000432

2019 年 9 月 1 日

交款人	乌鲁木齐万发公司	付款方式	转账支票
交款事由	还前欠货款		
金额(大写)	陆万壹仟元整		

十	万	千	百	十	元	角	分
¥	6	1	0	0	0	0	0

第一联　存根

新疆TH农机制造有限公司　财务专用章

主管：　　会计：　　出纳：　　制单：刘虹　　交款人：

收　　据

0000432

2019 年 9 月 1 日

交款人	乌鲁木齐万发公司	付款方式	转账支票
交款事由	还前欠货款		
金额(大写)	陆万壹仟元整	十 万 千 百 十 元 角 分	¥ 6 1 0 0 0 0 0

主管：　会计：　出纳：　制单：刘虹　交款人：

第二联　交款

新疆TH农机制造有限公司 财务专用章

收　　据

0000432

2019 年 9 月 1 日

交款人	乌鲁木齐万发公司	付款方式	转账支票
交款事由	还前欠货款		
金额(大写)	陆万壹仟元整	十 万 千 百 十 元 角 分	¥ 6 1 0 0 0 0 0

主管：　会计：　出纳：　制单：刘虹　交款人：

第三联　财务

新疆TH农机制造有限公司 财务专用章

师傅要求：

(1) 日期：是否与业务发生日期一致。

(2) 交款人：是否与还款单位名称一致。

(3) 交款事由：是否与所发生业务一致。

(4) 金额：收据记载金额是否与支票记载金额一致，大小写是否相符。

(5) 盖章与签字：是否加盖财务专用章，制单人是否签字。

步骤 3. 收据盖转账收讫章并签字

收　据

0000432

2019 年 9 月 1 日

交款人	乌鲁木齐万发公司	付款方式	转账支票
交款事由	还前欠货款		转账收讫
金额(大写)	陆万壹仟元整		

十	万	千	百	十	元	角	分
¥	6	1	0	0	0	0	0

新疆TH农机制造有限公司 财务专用章

主管：　　会计：　　出纳：王红　　制单：刘虹　　交款人：

第一联 存根

收　据

0000432

2019 年 9 月 1 日

交款人	乌鲁木齐万发公司	付款方式	转账支票
交款事由	还前欠货款		转账收讫
金额(大写)	陆万壹仟元整		

十	万	千	百	十	元	角	分
¥	6	1	0	0	0	0	0

新疆TH农机制造有限公司 财务专用章

主管：　　会计：　　出纳：王红　　制单：刘虹　　交款人：

第二联 交款

收　据

0000432

2019 年 9 月 1 日

交款人	乌鲁木齐万发公司	付款方式	转账支票
交款事由	还前欠货款		转账收讫
金额(大写)	陆万壹仟元整		

十	万	千	百	十	元	角	分
¥	6	1	0	0	0	0	0

新疆TH农机制造有限公司 财务专用章

主管：　　会计：　　出纳：王红　　制单：刘虹　　交款人：

第三联 财务

步骤 4. 填写转账支票

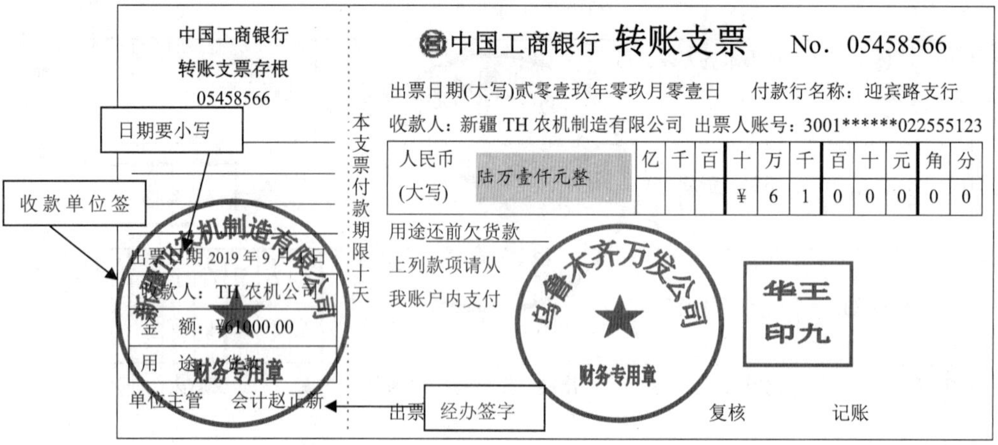
中国工商银行
转账支票存根
05458566
日期要小写
收款单位签
出票日期 2019 年 9 月 1 日
收款人：TH 农机公司
金 额：¥61000.00
用 途：还欠款
单位主管 会计赵正新
新疆TH农机制造有限公司 财务专用章

本支票付款期限十天

中国工商银行 转账支票 No. 05458566
出票日期(大写)贰零壹玖年零玖月零壹日 付款行名称：迎宾路支行
收款人：新疆 TH 农机制造有限公司 出票人账号：3001******022555123

人民币(大写)	亿	千	百	十	万	千	百	十	元	角	分
陆万壹仟元整				¥	6	1	0	0	0	0	0

用途还前欠货款
上列款项请从
我账户内支付
乌鲁木齐万发公司 财务专用章
华王印九
出票人签章 经办签字 复核 记账

师傅要求：

(1) 出票日期：需要小写，必须与正联日期相同。

(2) 收款人：填写内容必须与正联收款人处相同。

(3) 金额：小写填写，并与正联金额相同。

(4) 用途：与正联所写用途相同。

(5) 单位主管、会计：由单位主管或会计、出纳签字，并加盖财务专用章。

步骤 5. 剪下支票存根联，盖章并签字，连同收据交于客户

工商银行
转账支票存根
005458566
附加信息：
出票日期：2019 年 9 月 1 日
收款人：TH 农机公司
金 额：¥61000.00
用 途：
单位主管 会计赵正新
新疆TH农机制造有限公司 财务专用章

收　据　　0000432

2019年9月1日

交款人	乌鲁木齐万发公司	付款方式	转账支票
交款事由	还前欠货款		转账收讫
金额(大写)	陆万壹仟元整		十万千百十元角分 ¥ 6 1 0 0 0 0 0

（印章：新疆TH农机制造有限公司 财务专用章）

第二联 交款

主管：　　会计：　　出纳：王红　　制单：刘虹　　交款人：

步骤6. 背书并盖章

附加信息：	被背书人 北京南路支行	被背书人
	委托收款 （印章：新疆TH农机制造有限公司 财务专用章；华辛印俊） 背书人签章 2019年9月1日	背书人签章 年　月　日

背书要点：

(1) 在被背书人处填写单位开户行名称。

(2) 在空白处填写“委托收款”四个字，并填写日期。

(3) 加盖银行预留印鉴。

步骤7. 填写进账单

交通银行 进账单(受理回单)　1

2019年9月1日

出票人	全　称	乌鲁木齐万发公司	收款人	全　称	新疆TH农机制造有限公司
	账　号	3001******022555123		账　号	65**********122068012
	开户行社	工行乌鲁木齐迎宾路支行		开户行社	北京南路支行
人民币(大写)陆万壹仟元整					亿千百十万千百十元角分 ¥ 6 1 0 0 0 0 0
票据种类	转账支票				
票据张数	1				
复核　记账			受理信用社盖章		

（银行印章：交通银行北京南路支行 20190901 办（2）讫）

此联是受理行给持票人的受理回单

标注：出票人信息填写完整；收款人信息填写完整；大写金额靠紧顶住；银行盖章；用人民币符号¥封住

交通银行 进账单（受理回单） 2

2019年9月1日

出票人	全　称	乌鲁木齐万发公司	收款人	全　称	新疆TH农机制造有限公司
	账　号	3001******022555123		账　号	65**********122068012
	开户行社	工行乌鲁木齐迎宾路支行		开户行社	北京南路支行
人民币（大写）陆万壹仟元整					亿千百十万千百十元角分 ¥ 6 1 0 0 0 0 0
票据种类	转账支票				
票据张数	1				
备注			复核　记账		

交通银行
北京南路支行
★ 20190901 ★
办（2）讫

此联是由持票人开户行作贷方传票

交通银行进账单（收款通知） 3

2019年9月1日

出票人	全　称	乌鲁木齐万发公司	收款人	全　称	新疆TH农机制造有限公司
	账　号	3001******022555123		账　号	65**********122068012
	开户行社	工行乌鲁木齐迎宾路支行		开户行社	北京南路支行
人民币（大写）陆万壹仟元整					亿千百十万千百十元角分 ¥ 6 1 0 0 0 0 0
票据种类	转账支票				
票据张数	1				
复核　记账			收款人开户社盖章		

交通银行
北京南路支行
★ 20190901 ★
办（2）讫

此联是收款人开户行交给持票人的收款通知

师傅要求：

（1）出票人信息自转账支票获取。

（2）收款人信息自本单位的开户信息中获取。

（3）小写金额对准位数填写，最高位前用"¥"封住，大写金额靠紧人民币（大写）处填写，且大小写相符。

（4）票据种类填写转账支票，票据张数填写1。

步骤 8. 传递票据

收　据　　0000432

2019 年 9 月 1 日

交款人	乌鲁木齐万发公司	付款方式	转账支票
交款事由	还前欠货款		转账收讫
金额(大写)	陆万壹仟元整		十万千百十元角分 ¥ 6 1 0 0 0 0 0

第三联 财务

主管：　会计：　出纳：王红　制单：刘虹　交款人：

新疆TH农机制造有限公司 财务专用章

交通银行 **进账单**（受理回单） 1

2019 年 9 月 1 日

出票人	全　称	乌鲁木齐万发公司	收款人	全　称	新疆 TH 农机制造有限公司
	账　号	3001******022555123		账　号	65**********122068012
	开户行社	工行乌鲁木齐迎宾路支行		开户行社	北京南路支行
人民币（大写）陆万壹仟元整				亿千百十万千百十元角分	¥ 6 1 0 0 0 0 0
票据种类	转账支票				
票据张数	1				
复核　记账			受理信用社盖章		

此联是受理行给持票人的受理回单

交通银行 北京南路支行 20190901 办（2）讫

> 师傅要求：
>
> 将收据和进账单分别粘贴在票据粘贴单上，居中靠左边，以备边订法装订之用。

步骤 9. 登记银行存款日记账

> 师傅要求：日期、凭证号与记账凭证相同，摘要：收到万发公司前欠货款，借方金额：61 000.00 元，登记完毕，在记账凭证银行存款行“√”处画√表示银行存款已记账。

记 账 凭 证

2019 年 9 月 1 日　　　　　　　第 5 号

摘要	会计科目	明细科目	√	借方余额									贷方余额								
				百	十	万	千	百	十	元	角	分	百	十	万	千	百	十	元	角	分
收到前欠货款	银行存款		√			6	1	0	0	0	0	0									
	应收账款	万发公司													6	1	0	0	0	0	0
合计	（附件 2 张）				¥	6	1	0	0	0	0	0		¥	6	1	0	0	0	0	0

会计主管张振中　　　记账　　　稽核　　　填制赵正新

银行存款日记账

2019 年		凭证编号	摘　要	借　方	贷　方	余　额
9 月	日					
	1		期初余额			201800.00
	1	1	提现		5000.00	196800.00
	1	3	销售商品	14000.00		210800.00
	1	5	收到万发公司前欠货款	61000.00		271800.00

任务6 现金清查

公司监事会决定于2019年9月1日下班时，执行临时现金盘点，盘点人员有财务总监张振中、监事周一民、出纳王红。经过盘点库存现金实有3 800.00元，账面为4 300.00元，短款500.00元，出纳主动交代自己交了幼儿费，现在找同事借500.00元归还。财务总监张振中现场给予批评教育，今后不得出现此类情况。在师傅指导带领下，填写现金盘点报告单。

【任务目标与质量要求】

能填写现金盘点报告单。

【学习产出目标】

快速准确填写现金盘点报告单。描述现金清查的工作程序。

【工作程序与方法要求】

步骤1. 填写现金盘点报告单

库存现金盘点报告单

单位名称：新疆TH农机制造有限公司　　　　盘点日期：2019年9月1日

现金清点情况			账目核对	
面额	张数	金额	项目	金额
100元	30	3 000.00	盘点日账户余额	4 300.00
50元	10	500.00	加：收入未入账	
20元	5	100.00	减：支出未入账	
10元	20	200.00	调整后现金余额	4 300.00
5元			实点现金	3 800.00
2元			长款	
1元			短款	500.00
5角				

续表

现金清点情况			账目核对	
面额	张数	金额	项目	金额
1 角				
	合计	3 800.00		
调整事项处理意见：				
出纳：王红	监盘人员：周一民		盘点人员：张振中	
编制人及时间	王红 2019 年 9 月 1 日		复核人及时间	张振中 2019 年 9 月 1 日

库存现金日记账

2019 年		**凭证编号**	**摘　要**	**借　方**	**贷　方**	**余　额**
9 月	**日**					
	1		期初余额			2 800.00
	1	1	提现	5 000.00		7 800.00
	1	2	孔庆伟借差旅费		3 000.00	4 800.00
	1	4	购买办公用品		500.00	4 300.00

师傅要求：

（1）表中“现金清点情况”根据实际盘点据实填写，“账目核对”根据库存现金日记账填写。

（2）编制人是出纳王红，复核人是张振中，依次签字。

（3）出纳、监盘人员、盘点人员分别签字。

（4）此表一式三份，出纳、监盘人员、盘点人员分别留存。

步骤 2. 现金盘点报告单加盖公章

库存现金盘点报告单

单位名称：新疆 TH农机制造有限公司　　　　　盘点日期：2019 年 9 月 1 日

现金清点情况			账目核对	
面额	张数	金额	项目	金额
100 元	30	3 000.00	盘点日账户余额	4 300.00
50 元	10	500.00	加：收入未入账	
20 元	5	100.00	减：支出未入账	
10 元	20	200.00	调整后现金余额	4 300.00
5 元			实点现金	3 800.00
2 元			长款	
1 元			短款	500.00
5 角				
1 角				
	合计	3 800.00		
调整事项处理意见：				
出纳：王红		监盘人员：周一民		盘点人员：张振中

编制人及时间	王红 2019 年 9 月 1 日	复核人及时间	张振中 2019 年 9 月 1 日

任务7 出纳日报

出纳填写库存现金收支日报表、银行存款收支日报表，主管会计复核签字完毕，财务总监审核后，由其报送总经理。在师傅指导带领下，填写库存现金收支日报表、银行存款收支日报表。

【任务目标与质量要求】

填制库存现金收支日报表、银行存款收支日报表。

【学习产出目标】

准确填制库存现金收支日报表、银行存款收支日报表。描述出纳日报的工作程序。

【工作程序与方法要求】

步骤 1. 填写库存现金收支日报表、银行存款收支日报表

库存现金收支日报表

编制单位：新疆 TH 农机制造有限公司　　2019 年 9 月 1 日　　单位：元

前日余额	（大写）贰仟捌佰元整			¥2800.00
	项目	本日	本月累计	备注
本日收入	提现	5 000.00	5 000.00	
	本日收入合计	5 000.00	5 000.00	
本日支出	孔庆伟借差旅费	3 000.00	3 000.00	
	购买办公用品	500.00	3 500.00	
	本日支出合计	3 500.00	3 500.00	已借 500.00 补回
本日余额	（大写）肆仟叁佰元整			¥4 300.00
现金溢余	¥	现金短缺	¥	

财务总监：　　主管会计：　　出纳：王红

师傅要求：

（1）根据库存现金日记账填写，本日借方对应本日收入，本日贷方对应本日支出。

（2）库存现金日记账做到日清日结，每日结束后，清查单位的库存现金余额和现金日记账记录是否一致，每日结束后把现金结算出余额，以防止出现差错。若有差错出现，时间较短，记忆深刻，当日清查特别容易，所以必须做到日清日结。

（3）填好表头，在出纳处签字。

银行存款收支日报表

编制单位：新疆 TH 农机制造有限公司　　2019 年 9 月 1 日　　单位：元

开户银行	交通银行北京南路支行			
账号	65 *********** 122068012			
前日余额	（大写）贰拾万零壹仟捌佰元整			￥201 800.00
	项目	本日	本月累计	备注
本日收入	销售商品	14 000.00	14 000.00	
	收到万发前欠货款	61 000.00	75 000.00	
	本日收入合计	75 000.00	75 000.00	
本日支出	提现	5 000.00	5 000.00	
	本日支出合计	5 000.00	5 000.00	
本日余额	（大写）贰拾柒万壹仟捌佰元整			￥271 800.00

财务总监：　　主管会计：　　出纳：王红

师傅要求：

（1）根据银行存款日记账填写，本日借方对应本日收入，本日贷方对应本日支出。

（2）填好表头，在出纳处签字。

步骤 2. 主管会计复核签字

库存现金收支日报表

编制单位：新疆 TH 农机制造有限公司　　2019 年 9 月 1 日　　单位：元

前日余额	（大写）贰仟捌佰元整			￥2800.00
	项目	本日	本月累计	备注
本日收入	提现	5000.00	5000.00	
	本日收入合计	5000.00	5000.00	
本日支出	孔庆伟借差旅费	3000.00	3000.00	
	购买办公用品	500.00	3500.00	
	本日支出合计	3500.00	3500.00	已借 500.00 补回
本日余额	（大写）肆仟叁佰元整			￥4300.00
现金溢余	￥	现金短缺	￥	

财务总监：　　主管会计：赵正新　　出纳：王红

银行存款收支日报表

编制单位：新疆 TH 农机制造有限公司　　2019 年 9 月 1 日　　单位：元

开户银行	交通银行北京南路支行			
账号	65 *********** 122068012			
前日余额	（大写）贰拾万零壹仟捌佰元整			￥201800.00
	项目	本日	本月累计	备注
本日收入	销售商品	14000.00	14000.00	
	收到万发前欠货款	61000.00	75000.00	
	本日收入合计	75000.00	75000.00	
本日支出	提现	5000.00	5000.00	
	本日支出合计	5000.00	5000.00	
本日余额	（大写）贰拾柒万壹仟捌佰元整			￥271800.00

财务总监：　　主管会计：赵正新　　出纳：王红

步骤 3. 财务总监审核签字

库存现金收支日报表

编制单位：新疆 TH 农机制造有限公司　　2019 年 9 月 1 日　　单位：元

前日余额	（大写）贰仟捌佰元整			¥2800.00
	项目	本日	本月累计	备注
本日收入	提现	5000.00	5000.00	
	本日收入合计	5000.00	5000.00	
本日支出	孔庆伟借差旅费	3000.00	3000.00	
	购买办公用品	500.00	3500.00	
	本日支出合计	3500.00	3500.00	已借 500.00 补回
本日余额	（大写）肆仟叁佰元整			¥4300.00
现金溢余	¥	现金短缺	¥	

财务总监：张振中　　主管会计：赵正新　　出纳：王红

银行存款收支日报表

编制单位：新疆 TH 农机制造有限公司　　2019 年 9 月 1 日　　单位：元

开户银行	交通银行北京南路支行			
账号	65**********122068012			
前日余额	（大写）贰拾万零壹仟捌佰元整			¥201800.00
	项目	本日	本月累计	备注
本日收入	销售商品	14000.00	14000.00	
	收到万发前欠货款	61000.00	75000.00	
	本日收入合计	75000.00	75000.00	
本日支出	提现	5000.00	5000.00	
	本日支出合计	5000.00	5000.00	
本日余额	（大写）贰拾柒万壹仟捌佰元整			¥271800.00

财务总监：张振中　　主管会计：赵正新　　出纳：王红

任务 8　网上银行支付购买材料款

2019 年 9 月 4 日，采购员王新钢购新疆前方商贸有限公司钢材 2 000 千克，价款 20 707.96 元，增值税 2 692.04 元，材料已验收入库，网上银行付款。在师傅指导带领下，复核付款申请单、增值税专用发票、入库单，办理网上银行付款，盖章，传递会计账务处理，财务总监审核，登记银行存款日记账。

【任务目标与质量要求】

复核付款申请单、增值税专用发票、入库单，办理网上银行付款，登记银行存款日记账。

【学习产出目标】

能把握复核付款申请单、增值税专用发票、入库单重点，能办理网上银行付款，规范登记银行存款日记账。描述网上银行支付购买材料款业务的工作程序。

【工作程序与方法要求】

步骤 1. 复核付款申请单、增值税专用发票、入库单

付款申请单　　0000123

2019 年 9 月 4 日

收款单位	新疆前方商贸有限公司		开 户 行		农行建支
付款项目	钢材		账　号		0656022001325
付款方式	网上银行		应付金额		23400.00
付款金额（大写）	贰万叁仟肆佰元整				¥23400.00
申请部门	采购部	部门领导	王杰	申请人	王新钢
会计	赵正新	财务总监	张振中	总经理	

新疆增值税专用发票

6500133140　　发票联　　№ 00116666

开票日期：2019 年 9 月 4 日

购货单位	名　　称：新疆 TH 农机制造有限公司 纳税人识别号：65******0101100 地 址、电 话：昌吉市北京南路 203 号 2**6688 开户行及账号：65**********122068012	密码区	

货物及应税劳务名称	规格型号	单位	数量	单价	金额	税率	税额
钢材		千克	2000	10	20707.96	13%	2692.04
合　计					¥20707.96		¥2692.04
价税合计(大写)	贰万叁仟肆佰元整				(小写)¥23400.00		

销货单位	名　　称：新疆前方商贸有限公司 纳税人识别号：65******9144444 地 址、电 话：建国路 06 号 0991-4***328 开户行及账号：农行建支 0656022001325	备注	

收款人：　　复核：　　开票人：　　销货单位(章)：

新疆前方商贸有限公司
65******9144444
发票专用章

第三联 发票联 购货方记账凭证

新疆增值税专用发票

6500133140　　抵扣联　　№ 00116666

开票日期：2019 年 9 月 4 日

购货单位	名　　称：新疆 TH 农机制造有限公司 纳税人识别号：65******0101100 地 址、电 话：昌吉市北京南路 203 号 2**6688 开户行及账号：65**********122068012	密码区	

货物及应税劳务名称	规格型号	单位	数量	单价	金额	税率	税额
钢材		千克	2000	10	20707.96	13%	2692.04
合　计					¥20707.96		¥2692.04
价税合计(大写)	贰万叁仟肆佰元整				(小写)¥23400.00		

销货单位	名　　称：新疆前方商贸有限公司 纳税人识别号：65******9144444 地 址、电 话：建国路 06 号 09914669328 开户行及账号：农行建支 0656022001325	备注	

收款人：　　复核：　　开票人：　　销货单位(章)：

新疆前方商贸有限公司
65******9144444
发票专用章

第二联 抵扣联 购货方扣税凭证

入 库 单　　0002986

供货单位：新疆前方商贸有限公司　　2019 年 9 月 4 日

品名规格	单位	数量	单价	金额	备注
钢材	千克	2000	10.35	20707.96	
小　计				20707.96	

供货人：　　库号：1　　保管：樊娟娟

第二联 会计

师傅要求：

（1）付款申请单。首先询问王新钢，购买的是什么，从哪里买的，多少钱，然后，查看付款申请单中所写内容与所说是否一致，这样审核速度快，又能做到互相印证，审批是否齐全，最后，查看本人的签字。

（2）增值税专用发票。

①销货单位、购货单位信息是否齐全。

②发票中的数量、单价、金额、税额是否正确，其计算方法为：金额＝含税金额÷(1＋税率)，税额＝含税金额÷(1＋税率)×税率。

③开票人是否签字，收款人是否签字，是否加盖发票专用章，加盖位置在销货单位（章）处区域，下边和右边不可超出发票边缘。

④联次是否齐全，日期是否正确。

（3）入库单。品名规格、数量、单价、金额与发票是否相符，保管是否签字。

步骤 2. 办理网上银行付款

下面以交通银行为例，说明网上银行付款流程，包括三个过程：一是付款录入，二是付款复核，三是付款授权。

1. 付款录入

单笔录入交易。转账类型包括同城交行转账、同城他行转账、异地交行转账、异地他行转账交易。

操作步骤

（1）点击**企业付款**≫**付款录入**≫**单笔付款**菜单进入单笔付款页面，如图 3-2-1 单笔付款录入。

选择付款账号。点击**付款账号**右边的 ，以此来查询付款账号的余额。

选择**收款方所在银行**，如果收款人也在交通银行开户，则选择**交通银行**，否则选择**其他银行**。

选择**收款方所在地**：通常情况下，当收款人与付款人在同一城市时，选**同城**，否则选**异地**。

输入**收款账号**，选择输入或手工录入的功能。

➢ 选择输入：选择已经建立好的常用账号或配对账号，收款账号提供按账号和户名的模糊匹配。

➢ 键盘输入：如果**收款人开户行**选择了**交通银行**，则可以点击账号右边的小图标“ ”，系统将会对账号进行校验，并带回**收款户名**。

（2）输入**收款户名**。

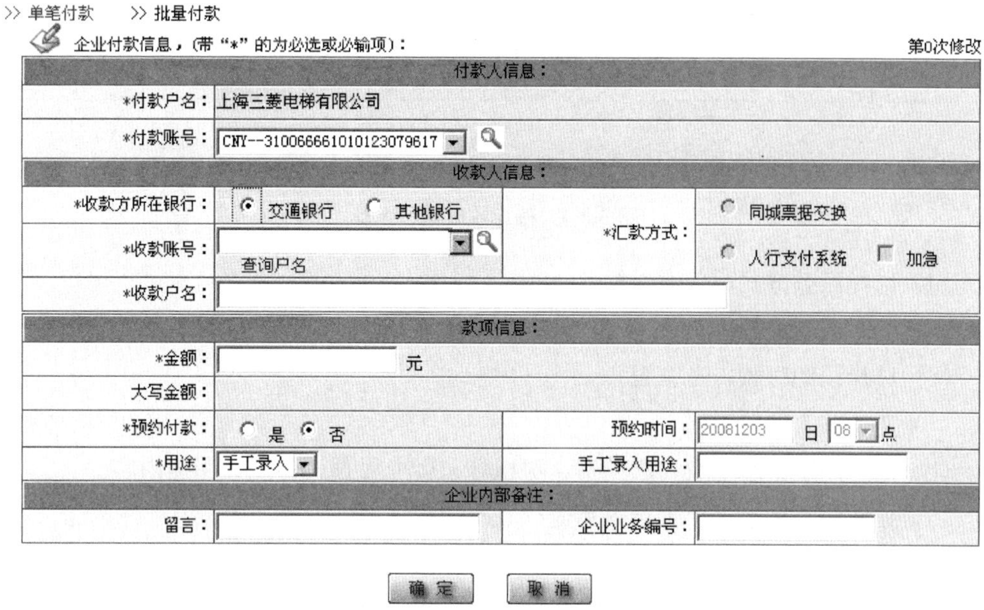

图 3-2-1　单笔付款录入

（3）输入**收款银行全称**，只是在向其他银行转账的时候才需要输入，可以**选择**输入，也可以**手工输入**。

➢ 在**选择**输入的时候，系统显示收款银行信息［见图 3-2-2 收款银行信息选择页面（同城）或图 3-2-3 收款银行信息选择页面（异城）］。

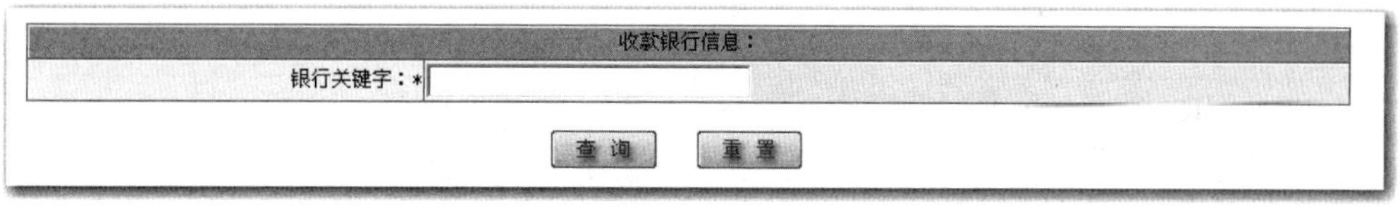

图 3-2-2　收款银行信息选择页面（同城）

图 3-2-3　收款银行信息选择页面（异地）

➢ 可以在**关键字**栏位输入开户银行名称的关键字，点击【查询】按钮，进行模糊查询，在查询到的银行全称里选择所需信息（图 3-2-4）。

➢ 点击【提交】按钮，确定收款银行名称。

选择	人行联行号	银行名称
○	001290003515	中国农业银行上海分行
○	001290003515	中国人民银行上海分行

提交

图 3-2-4　确定收款银行名称

（4）选择**汇款方式**：普通、加急。

（5）输入汇款**金额**。

（6）选择**预约付款**：是、否。

（7）选择输入**预约时间**。

（8）选择**用途**：水电费、燃气费、房租等，企业可预先自定义用途内容。

（9）如无所需用途可**手工录入用途**。

（10）输入**留言**，留言用于供企业内部其他网银操作人员查看。

（11）输入**企业业务编号**，企业自己编列的业务检索号，可方便事后的银、企对账。

（12）点击【确定】按钮，显示企业付款确认页面。如图 3-2-5 企业付款信息确认页面。

>> 单笔付款　>> 批量付款

企业付款信息确认：

付款信息确认：			
付款户名：	上海三菱电梯有限公司	收款户名：	上海南洋胶合板有限公司
付款账号：	310066661010123079617	收款账号：	310066661018002538545
付款银行：	交通银行	收款银行：	交通银行
是否预约：	不预约	预约时间：	
汇款方式：	普通	转账类型：	同城交行
付方地区号：		收方联行号：	
金额：	100.00	付款用途：	采购款
金额大写：	壹佰元整	企业业务编号：	
留言：	装饰建材采购费		

提交　重新录入

图 3-2-5　企业付款信息确认页面

（13）确认付款业务后，点击【提交】按钮，显示该笔转账付款的结果，如图 3-2-6 企业付款信息结果页面。

➢ **查询授权信息**：查看授权员对此交易的授权情况

➢ **继续录入**：返回单笔付款界面

➢ **电子回单**：点击【电子表单】按钮，显示该笔转账支付指令的临时网上电子回单，银行事后还会提供正式的纸质回单。如图 3-2-7 网上银行电子回单。

企业付款信息，付款结果：

指令流水号： 30031354 指令状态： 未授权
流水校验码： 998P3-RJF4F-VDKBX-TD7ED
交易提交成功，还需要 1 人授权。

查询授权信息　继续录入　电子表单

图 3-2-6　企业付款信息结果页面

交通银行－网上银行电子回单			
指令序号：	50410209	指令状态：	未授权
提交时间：	2008-12-03 09:19:58	转账金额（元）：	100.00
转出账号：	310066661010123079617	转入账号：	310066661018002538545
转出账号户名：	上海三菱电梯有限公司	转入账号户名：	上海南洋胶合板有限公司
转出账号开户行：	交通银行	转入账号开户行：	交通银行
邮电费（元）：	0.00	手续费（元）：	2.50
转账类型：	同城交行	转账用途：	采购款
是否预约：	不预约	预约日期：	
是否加急：	普通	流水校验码：	88CP6-M3CJX-EQKUU-6V9F9
企业业务编号：		修改次数：	0

打 印　关 闭

图 3-2-7　网上银行电子回单

2. 打印网上银行电子回单

交通银行—网上银行电子回单			
指令序号：	50510101	指令状态：	交易成功
提交时间：	2019-09-04 11：20：05	转账金额（元）：	23400.00
转出账号：	65 ********** 122068012	转入账号：	0656022001325
转出账号户名：	新疆 TH 农机制造有限公司	转入账号户名：	新疆前方商贸有限公司
转出账号开户行：	交通银行	转入账号开户行：	农业银行
邮电费（元）：	0.00	手续费（元）：	0.00
转账类型：	同城	转账用途：	材料款
是否预约：	不预约	预约日期：	
是否加急：	普通	流水校验码：	99CP8-M6CGX-EQQMN-6V8P3
企业业务编号：		修改次数：	0

步骤 3. 盖章、整理票据，传递给会计账务处理，财务总监审核

付款申请单　　　　0000123

2019 年 9 月 4 日

收款单位	新疆前方商贸有限公司		开 户 行	农行建支	
付款项目	钢材		账　　号	0656022001325	
付款方式	网上银行		应付金额	23400.00	
付款金额（大写）	贰万叁仟肆佰元整		￥23400.00	转账付讫	
申请部门	采购部	部门领导	王杰	申请人	王新钢
会　　计	赵正新	财务总监	张振中	总经理	

新疆增值税专用发票

6500133140　　　　№ 00116666

发票联

全国统一发票监制章 新疆 国家税务总局监制

开票日期：2019 年 9 月 4 日

购货单位	名　　称：新疆 TH 农机制造有限公司 纳税人识别号：65******0101100 地 址、电 话：昌吉市北京南路 203 号 2**6688 开户行及账号：65**********122068012			密码区			
货物及应税劳务名称	规格型号	单位	数量	单价	金额	税率	税额
钢材		千克	2000	10	20707.96	13%	2692.04
合　　计					￥20707.96		￥2692.04
价税合计(大写)	贰万叁仟肆佰元整			（小写)￥23400.00			
销货单位	名　　称：新疆前方商贸有限公司 纳税人识别号：65******9144444 地 址、电 话：建国路 06 号 0991-4***328 开户行及账号：农行建支 0656022001325			备注	新疆前方商贸有限公司 65******9144444 发票专用章		

第三联 发票联 购货方记账凭证

收款人：　　复核：　　开票人：　　销货单位(章)：

入 库 单　　　　0002986

供货单位：新疆前方商贸有限公司　　　　2019 年 9 月 4 日

品名规格	单位	数量	单价	金额	备注
钢材	千克	2000	10.35	20707.96	
				转账付讫	
小　　计				20707.96	

第二联 会计

供货人：　　库号：1　王红　　保管：樊娟娟

交通银行—网上银行电子回单			
指令序号：	50510101	指令状态：	交易成功
提交时间：	2019-09-04 11：20：05	转账金额（元）：	23400.00
转出账号：	65**********122068012	转入账号：	0656022001325
转出账号户名：	新疆 TH 农机制造有限公司	转入账号户名：	新疆前方商贸有限公司
转出账号开户行：	交通银行	转入账号开户行：	农业银行
邮电费（元）：	0.00	手续费（元）：	0.00
转账类型：	同城	转账用途：	材料款
是否预约：	不预约	预约日期：	
是否加急：	普通	流水校验码：	99CP8-M6CGX-EQQMN-6V8P3
企业业务编号：		修改次数：	0

转账付讫

步骤 4. 登记银行存款日记账

记 账 凭 证

2019 年 9 月 4 日　　　　第 6 号

摘要	会计科目	明细科目	√	借方余额									贷方余额								
				百	十	万	千	百	十	元	角	分	百	十	万	千	百	十	元	角	分
购买材料	原材料	钢材				2	0	7	0	7	9	6									
	应交税费	应交增值税					2	6	9	2	0	4									
	银行存款		√												2	3	4	0	0	0	0
合计	（附件 4 张）				¥	2	3	4	0	0	0	0		¥	2	3	4	0	0	0	0

会计主管张振中　　记账　　稽核　　填制赵正新

银行存款日记账

2019 年		凭证编号	摘　要	借　方	贷　方	余　额
9 月	日					
	1		期初余额			201800.00
	1	1	提现		5000.00	196800.00
	1	3	销售商品	14000.00		21080.00
	1	5	收到万发公司前欠货款	61000.00		271800.00
	4	6	购买材料		23400.00	248400.00

任务 9　购买维修轴承 POS 机刷卡支付

2019 年 9 月 4 日，采购员王新钢购轴承一个，价款 207.08 元，增值税 26.92 元，取得发票，王新钢使用自己的银行卡，在供应商 POS 机上刷卡付款，轴承已验收入库。在师傅指导带领下，复核付款申请单、增值税专用发票、入库单、POS 机小票，支付现金，盖章，传递会计账务处理，财务总监审核，登记现金日记账。

【任务目标与质量要求】

复核付款申请单、增值税专用发票、入库单、POS 机小票，支付现金，登记现金日记账。

【学习产出目标】

把握复核付款申请单、增值税专用发票、入库单、POS 机小票重点，规范登记现金日记账。描述购买维修轴承 POS 机刷卡支付业务的工作程序。

【工作程序与方法要求】

步骤 1. 复核付款申请单、增值税专用发票、入库单、POS 机小票

付款申请单　　0000124

2019 年 9 月 4 日

收款单位	新疆大华商贸有限公司		开 户 行	农行建支	
付款项目	轴承用于机床维修		账　　号	06 ****** 01328	
付款方式	POS 机刷卡		应付金额	234.00	
付款金额（大写）	贰佰叁拾肆元整		￥234.00		
申请部门	采购部	部门领导	王杰	申请人	王新钢
会　　计	赵正新	财务总监	张振中	总经理	

新疆增值税专用发票

发票联

6500133140　　　　№ 00119966

开票日期：2019 年 9 月 4 日

购货单位	名　　称：新疆 TH 农机制造有限公司 纳税人识别号：65******0101100 地 址、电 话：昌吉市北京南路 203 号 2**6688 开户行及账号：65**********122068012			密码区			
货物及应税劳务名称	规格型号	单位	数量	单价	金额	税率	税额
轴承		盘	1	207.08	207.08	13%	26.92
合　计					¥207.08		¥26.92
价税合计(大写)	贰佰叁拾肆元整			(小写)¥234.00			
销货单位	名　　称：新疆大华商贸有限公司 纳税人识别号：65******9144455 地 址、电 话：建国路 06 号 0991-4***303 开户行及账号：农行建支 06******01328			备注			

收款人：　　　复核：　　　开票人：　　　销货单位(章)：

第三联 发票联 购货方记账凭证

新疆增值税专用发票

抵扣联

6500133140　　　　№ 00119966

开票日期：2019 年 9 月 4 日

购货单位	名　　称：新疆 TH 农机制造有限公司 纳税人识别号：65******0101100 地 址、电 话：昌吉市北京南路 203 号 2**6688 开户行及账号：65**********122068012			密码区			
货物及应税劳务名称	规格型号	单位	数量	单价	金额	税率	税额
轴承		个	1	207.08	207.08	13%	26.92
合　计					¥207.08		¥26.92
价税合计(大写)	贰佰叁拾肆元整			(小写)¥234.00			
销货单位	名　　称：新疆大华商贸有限公司 纳税人识别号：65******9144455 地 址、电 话：建国路 06 号 0991-4***303 开户行及账号：农行建支 06******01328			备注			

收款人：　　　复核：　　　开票人：　　　销货单位(章)：

第二联 抵扣联 购货方扣税凭证

入库单　　0002987

供货单位：新疆大华商贸有限公司　　2019年9月4日

品名规格	单位	数量	单价	金额	备注
轴承	个	1	207.08	207.08	
小　计				207.08	

第二联 会计

供货人：　　库号：2　　保管：高正华

中国农业银行
持有人号：06 ****** 01328
银联商户编号：103650006 ****** 01328
持有人名称：新疆大华商贸有限公司
终端号：101201100095678921
交易类型：消费
交易卡号：651006 ******** 6060
发卡行：新疆维吾尔自治区农村
收单行：02090000
交易时间：2019年9月4日 12：44：52
授权码：000000
流水号：000101
参考号：069670002539
交易金额：234.00元

同意支付上述款项
签名：王新钢

步骤2. 支付现金，盖章，传递会计账务处理，财务总监审核

付款申请单　　0000124

2019年9月4日

收款单位	新疆大华商贸有限公司		开户行	农行建支	
付款项目	轴承用于机床维修		账　号	06******01328	
付款方式	POS机刷卡		应付金额	234.00	
付款金额(大写)	贰佰叁拾肆元整		¥234.00	现金付讫	
申请部门	采购部	部门领导	王杰	申请人	王新钢
会　计	赵正新	财务总监	张振中	总经理	

新疆增值税专用发票

发票联

6500133140 №　00119966

开票日期：2019年9月4日

购货单位	名　　　称：新疆TH农机制造有限公司 纳税人识别号：65******0101100 地 址、电 话：昌吉市北京南路203号2**6688 开户行及账号：65**********122068012			密码区			
货物及应税劳务名称	规格型号	单位	数量	单价	金额	税率	税额
轴承		盘	1	207.08	207.08	13%	26.92
合　　计					¥207.08		¥26.92
价税合计(大写)	贰佰叁拾肆元整			(小写)¥234.00			
销货单位	名　　　称：新疆大华商贸有限公司 纳税人识别号：65******9144455 地 址、电 话：建国路06号0991-4***303 开户行及账号：农行建支06******01328			备注			

收款人：　　复核：　　开票人：　　销货单位(章)：

第三联　发票联　购货方记账凭证

新疆大华商贸有限公司 65**********9144455 发票专用章

新疆增值税专用发票

抵扣联

6500133140 №　00119966

开票日期：2019年9月4日

购货单位	名　　　称：新疆TH农机制造有限公司 纳税人识别号：65******0101100 地 址、电 话：昌吉市北京南路203号2**6688 开户行及账号：65**********122068012			密码区			
货物及应税劳务名称	规格型号	单位	数量	单价	金额	税率	税额
轴承		个	1	207.08	207.08	13%	26.92
合　　计					¥207.08		¥26.92
价税合计(大写)	贰佰叁拾肆元整			(小写)¥234.00			
销货单位	名　　　称：新疆大华商贸有限公司 纳税人识别号：65******9144455 地 址、电 话：建国路06号0991-4***303 开户行及账号：农行建支　06******01328			备注			

收款人：　　复核：　　开票人：　　销货单位(章)：

第二联　抵扣联　购货方扣税凭证

新疆大华商贸有限公司 65**********9144455 发票专用章

入库单

0002987

供货单位：新疆大华商贸有限公司　　2019年9月4日

品名规格	单位	数量	单价	金额	备注
轴承	个	1	207.08	207.08	
				现金付讫	
小　　计				207.08	

供货人：　　库号：2　　保管：高正华

第二联　会计

中国农业银行

持有人号：06******01328

银联商户编号：103650006******01328

持有人名称：新疆大华商贸有限公司

终端号：101201100095678921

交易类型：消费

交易卡号：651006********6060

发卡行：新疆维吾尔自治区农村

收单行：02090000

交易时间：2019 年 9 月 4 日 12:44:52

授权码：000000

流水号：000101

参考号：069670002539

交易金额：234.00元 现金付讫

同意支付上述款项

收到现金 234.00元。王新钢 2017.9.2

签名：王新钢 王红

步骤 3. 登记现金日记账

记 账 凭 证

2019 年 9 月 4 日 第 7 号

摘要	会计科目	明细科目	√	借方余额									贷方余额								
				百	十	万	千	百	十	元	角	分	百	十	万	千	百	十	元	角	分
购买材料	原材料	轴承						2	0	7	0	8									
	应交税费	应交增值税							2	6	9	2									
	库存现金		√														2	3	4	0	0
合计	（附件 4张）						¥	2	3	4	0	0				¥	2	3	4	0	0

会计主管张振中 记账 稽核 填制赵正新

库存现金日记账

2019 年		凭证编号	摘　要	借　方	贷　方	余　额
9 月	日					
	1		期初余额			2800.00
	1	1	提现	5000.00		7800.00
	1	2	孔庆伟借差旅费		3000.00	4800.00
	1	4	购买办公用品		500.00	4300.00
	4	7	购买轴承		234.00	4066.00

任务 10 销售商品收到商业承兑汇票

2019 年 9 月 4 日，销售给阿克苏市永成农机公司精量点播机 100 台，金额为 950 000.00 元，其生产成本每台 4 836.00 元，销售手续办妥，收到一张期限为 6 个月的商业承兑汇票，出票日期为 2019 年 9 月 4 日，金额为 950 000.00 元。在师傅指导带领下，复核销售结算单、出库单、增值税普通发票，核对商业承兑汇票，整理票据，传递会计账务处理，登记应收票据登记簿。

【任务目标与质量要求】

复核销售结算单、出库单、增值税普通发票，核对商业承兑汇票，登记应收票据登记簿。

【学习产出目标】

把握复核销售结算单、出库单、增值税普通发票重点，鉴别核对商业承兑汇票，规范登记应收票据登记簿。掌握销售商品收到商业承兑汇票业务的工作程序。

【工作程序与方法要求】

步骤 1. 复核销售结算单、出库单、增值税普通发票

销售结算单 **00002002**

2019 年 9 月 4 日

购货单位：阿克苏市永成农机公司 **税　　号**：65 ****** 0503501

地址电话：阿克苏市红旗东路 100 号 09976 *** 333 **银行账号**：3008 ****** 091150505

品名规格	单位	数量	单价	金额	备注
精量点播机	台	100	9500	950000.00	
合　计				￥950000.00	
结算方式	商业承兑汇票，期限 6 个月				

第一联 存根

销售经理：任洪宾 **会计**：刘虹 **出纳**： **制单**：王燕 **提货**：刘成

销售结算单　　00002002

2019 年 9 月 4 日

购货单位： 阿克苏市永成农机公司　　**税　　号：** 65 ****** 0503501

地址电话： 阿克苏市红旗东路 100 号 09976 *** 333　　**银行账号：** 3008 ****** 091150505

品名规格	单位	数量	单价	金额	备注
精量点播机	台	100	9500	950000.00	
合　计				¥950000.00	
结算方式	商业承兑汇票，期限 6 个月				

第二联　会计

销售经理： 任洪宾　**会计：** 刘虹　**出纳：**　**制单：** 王燕　**提货：** 刘成

销售结算单　　00002002

2019 年 9 月 4 日

购货单位： 阿克苏市永成农机公司　　**税　　号：** 65 ****** 0503501

地址电话： 阿克苏市红旗东路 100 号 09976 *** 333　　**银行账号：** 3008 ****** 091150505

品名规格	单位	数量	单价	金额	备注
精量点播机	台	100	9500	950000.00	
合　计				¥950000.00	
结算方式	商业承兑汇票，期限 6 个月				

第三联　记账

销售经理： 任洪宾　**会计：** 刘虹　**出纳：**　**制单：** 王燕　**提货：** 刘成

出 库 单

领用单位： 阿克苏市永成农机公司　**用途：** 销售　2019 年 9 月 4 日

品名规格	单位	数量	单价	金额	备注
精量点播机	台	100	4836.00	483600.00	
小　计				483600.00	

第一联　存根

领料人： 王燕　**库号：** 3　**保管：** 陈燕

出库单

领用单位：阿克苏市永成农机公司　　用途：销售　　2019 年 9 月 4 日

品名规格	单位	数量	单价	金额	备注
精量点播机	台	100	4836.00	483600.00	
小　计				483600.00	

第二联　会计

领料人：王燕　　库号：3　　保管：陈燕

出库单

领用单位：阿克苏市永成农机公司　　用途：销售　　2019 年 9 月 4 日

品名规格	单位	数量	单价	金额	备注
精量点播机	台	100	4836.00	483600.00	
小　计				483600.00	

第三联　记账

领料人：王燕　　库号：3　　保管：陈燕

新疆增值税普通发票

全国统一发票监制章　新疆　国家税务总局监制

6500133140　　№ 00223334

开票日期：2019 年 9 月 4 日

购货单位	名　　称：阿克苏市永成农机公司 纳税人识别号：65******0503501 地 址、电 话：阿克苏红旗东路 100 号 6***333 开户行及账号：红旗路支行 3008******091150505	密码区	

货物及应税劳务名称	规格型号	单位	数量	单价	金额	税率	税额
精量点播机		台	100	8636.36	863636.36	10%	86363.64
合　计					¥863636.36		¥86363.64
价税合计(大写)	⊗玖拾伍万元整			(小写)¥950000.00			

销货单位	名　　称：新疆 TH 农机制造有限公司 纳税人识别号：65******0101100 地 址、电 话：昌吉市北京南路 203 号 2**6688 开户行及账号：北京南路支行 65**********122068012	备注	新疆TH农机制造有限公司 65******0101100 发票专用章

第一联　记账联　销货方记账凭证

收款人：　　复核：赵正新　　开票人：刘虹　　销货单位(章)：

新疆增值税普通发票

6500133140　　发票联（全国统一发票监制章 新疆 国家税务总局监制）　　№ 00223334

开票日期：2017 年 9 月 4 日

购货单位	名　　称：阿克苏市永成农机公司 纳税人识别号：65******0503501 地 址、电 话：阿克苏红旗东路 100 号 6***333 开户行及账号：红旗路支行 3008******091150505			密码区			
货物及应税劳务名称	规格型号	单位	数量	单价	金额	税率	税额
精量点播机		台	100	8636.36	863636.36	10%	86363.64
合　计					¥863636.36		¥86363.64
价税合计(大写)	⊗玖拾伍万元整			(小写)¥950000.00			
销货单位	名　　称：新疆 TH农机制造有限公司 纳税人识别号：65******0101100 地 址、电 话：昌吉市北京南路 203 号 2**6688 开户行及账号：北京南路支行 65**********122068012			备注	新疆TH农机制造有限公司 65******0101100 发票专用章		

第二联 发票联 购货方记账凭证

收款人：　　　　复核：赵正新　　　　开票人：刘虹　　　　销货单位(章)：

步骤 2. 核对商业承兑汇票

商业承兑汇票　2　汇票号码 01253681

出票日期（大写）　贰零壹玖年零玖月零肆日

付款人	全　称	阿克苏市永成农机公司	收款人	全　称	新疆 TH 农机制造有限公司
	账　号	3008******091150505		账　号	65**********122068012
	开户银行	工行红旗路支行		开户银行	交行北京南路支行

出票金额 人民币（大写）	玖拾伍万元整	亿	千	百	十	万	千	百	十	元	角	分
				¥	9	5	0	0	0	0	0	0

汇票到期（大写）	贰零贰零年零叁月零肆日	交易合同号	
本汇票已经本单位承兑，到期日无条件支付票款 （阿克苏市永成农机公司 财务专用章）（成田印永） 承兑人盖章 承兑日期 2019 年 9 月 4 日		本汇票请予以承兑于到期日付款。 （阿克苏市永成农机公司 财务专用章）（成田印永） 出票人签章	

师傅要求：

(1) 付款人和收款人的全称、账号、开户银行是否正确。

（2）商业承兑汇票金额大小写是否相符，与发票金额是否一致。

（3）承兑人盖章、出票人签章是否清晰。

（4）记录永成公司经办人的联系方式。

步骤 3. 出纳签字，盖商业承兑汇票收讫章，发票联给客户

新疆增值税普通发票

全国统一发票监制章 新疆 国家税务总局监制

6500133140　　发票联　　№ 00223334

开票日期：2017 年 9 月 4 日

购货单位		密码区	
名　　称：阿克苏市永成农机公司 纳税人识别号：65******0503501 地 址、电 话：阿克苏红旗东路 100 号 6***333 开户行及账号：红旗路支行 3008******091150505			

货物及应税劳务名称	规格型号	单位	数量	单价	金额	税率	税额
精量点播机		台	100	8636.36	863636.36	10%	86363.64
合　　计					¥863636.36		¥86363.64

商业承兑汇票收讫

价税合计(大写)	⊗玖拾伍万元整	(小写)¥950000.00

销货单位	备注
名　　称：新疆 TH农机制造有限公司 纳税人识别号：65******0101100 地 址、电 话：昌吉市北京南路 203 号 2**6688 开户行及账号：北京南路支行 65**********122068012	新疆TH农机制造有限公司 65******0101100 发票专用章

收款人：　　复核：赵正新　　开票人：刘虹　　销货单位(章)：

第二联 发票联 购货方记账凭证

步骤 4. 出纳签字，盖商业承兑汇票收讫章，整理票据

销售结算单　　00002002

2019 年 9 月 4 日

购货单位：阿克苏市永成农机公司　　**税　　号：**65******0503501

地址电话：阿克苏市红旗东路 100 号 09976***333　　**银行账号：**3008******091150505

品名规格	单位	数量	单价	金额	备注
精量点播机	台	100	9500	950000.00	
合　　计				¥950000.00	
结算方式	商业承兑汇票，期限 6 个月				

商业承兑汇票收讫

第一联 存根

销售经理：任洪宾　　**会计：**刘虹　　**出纳：**王红　　**制单：**王燕　　**提货：**刘成

销售结算单　　00002002

2019年9月4日

购货单位：阿克苏市永成农机公司　　税　号：65******0503501

地址电话：阿克苏市红旗东路100号 09976***333　银行账号：3008******091150505

品名规格	单位	数量	单价	金额	备注
精量点播机	台	100	9500	950000.00	
合　计				¥950000.00	
结算方式	商业承兑汇票，期限6个月				

商业承兑汇票收讫

第二联　会计

销售经理：任洪宾　会计：刘虹　出纳：王红　制单：王燕　提货：刘成

销售结算单　　00002002

2019年9月4日

购货单位：阿克苏市永成农机公司　　税　号：65******0503501

地址电话：阿克苏市红旗东路100号 09976***333　银行账号：3008******091150505

品名规格	单位	数量	单价	金额	备注
精量点播机	台	100	9500	950000.00	
合　计				¥950000.00	
结算方式	商业承兑汇票，期限6个月				

商业承兑汇票收讫

第三联　记账

销售经理：任洪宾　会计：刘虹　出纳：王红　制单：王燕　提货：刘成

出　库　单

领用单位：阿克苏市永成农机公司　用途：销售　2019年9月4日

品名规格	单位	数量	单价	金额	备注
精量点播机	台	100	4836.00	483600.00	
小　计				483600.00	

商业承兑汇票收讫

第一联　存根

领料人：王燕　库号：3　王红　保管：陈燕

出　库　单

领用单位：阿克苏市永成农机公司　用途：销售　2019年9月4日

品名规格	单位	数量	单价	金额	备注
精量点播机	台	100	4836.00	483600.00	
小　计				483600.00	

商业承兑汇票收讫

第二联　会计

领料人：王燕　库号：3 王红　保管：陈燕

出 库 单

领用单位：阿克苏市永成农机公司　　用途：销售　　2019年9月4日

品名规格	单位	数量	单价	金额	备注
精量点播机	台	100	4836.00	483600.00	
				商业承兑汇票收讫	
小　计				483600.00	

第三联　记账

领料人：王燕　　库号：3　王红　　保管：陈燕

新疆增值税普通发票

6500133140　　№ 00223334

开票日期：2019年9月4日

购货单位	名　　称：阿克苏市永成农机公司 纳税人识别号：65******0503501 地 址、电 话：阿克苏红旗东路100号 6***333 开户行及账号：红旗路支行 3008******091150505	密码区	

货物及应税劳务名称	规格型号	单位	数量	单价	金额	税率	税额
精量点播机		台	100	8636.36	863636.36	10%	86363.64
合　　计					¥863636.36		¥86363.64
价税合计(大写)	⊗玖拾伍万元整			(小写)¥950000.00			

销货单位	名　　称：新疆TH农机制造有限公司 纳税人识别号：65******0101100 地 址、电 话：昌吉市北京南路203号 2**6688 开户行及账号：北京南路支行 65**********122068012	备注	

第一联　记账联　销货方记账凭证

收款人：　　复核：赵正新　　开票人：刘虹　　销货单位(章)：

师傅要求：

(1) 盖有商业汇票收讫章及出纳签字的销售结算单、出库单，出纳分别将存根联交销售内勤，记账联留下，会计联交销售会计。增值税普通发票、销售结算单、出库单的记账，交主管会计，进行账务处理。

(2) 以下是传递给主管会计的票据，共3张。

销售结算单　　00002002

2019 年 9 月 4 日

购货单位：阿克苏市永成农机公司　　　税　　号：65******0503501

地址电话：阿克苏市红旗东路 100 号 09976***333　　银行账号：3008******091150505

品名规格	单位	数量	单价	金额	备注
精量点播机	台	100	9500	950000.00	
			商业承兑汇票收讫		
合　计				¥950000.00	
结算方式	商业承兑汇票，期限 6 个月				

第三联　记账

销售经理：任洪宾　会计：刘虹　出纳：王红　制单：王燕　提货：刘成

出 库 单

领用单位：阿克苏市永成农机公司　　**用途：**销售　　2019 年 9 月 4 日

品名规格	单位	数量	单价	金额	备注
精量点播机	台	100	4836.00	483600.00	
				商业承兑汇票收讫	
小　计				483600.00	

领料人：王燕　　**库号：**3　王红　　**保管：**陈燕

新疆增值税普通发票

全国统一发票监制章
新疆
国家税务总局监制

6500133140　　№ 00223334

开票日期：2019 年 9 月 4 日

购货单位	名　　称：阿克苏市永成农机公司 纳税人识别号：65******0503501 地 址、电 话：阿克苏红旗路 100 号 6***333 开户行及账号：红旗路支行 3008******091150505	密码区	

货物及应税劳务名称	规格型号	单位	数量	单价	金额	税率	税额
精量点播机		台	100	8636.36	863636.36	10%	86363.64
合　计					¥863636.36		¥86363.64
价税合计(大写)	⊗玖拾伍万元整		(小写)¥950000.00				

商业承兑汇票收讫

销货单位	名　　称：新疆 TH农机制造有限公司 纳税人识别号：65******0101100 地 址、电 话：昌吉市北京南路 203 号 2**6688 开户行及账号：北京南路支行 65**********122068012	备注	新疆TH农机制造有限公司 65******0101100 发票专用章

第一联　记账联　销货方记账凭证

收款人：　　复核：赵正新　　开票人：刘虹　　销货单位(章)：

步骤 5. 登记应收票据登记簿

应收票据备查簿

票据种类：商业承兑汇票　　　　　　　　　　　　　　　　　　　　　　　第 1 页

2019 年		摘要	合同号	号码	付款单位	签发日期	到期日期	金额	承兑日期及金额
月	日								
9	2	销售		01253681	永成	2019.9.4	2020.3.4	950000.00	

汇票到期时操作提示：

（1）2020 年 3 月 4 日商业承兑汇票到期，5 日出纳和主管会计在汇票背面进行背书。

被背书人交通银行北京南路支行	被背书人
新疆TH农机制造有限公司 财务专用章 华辛印俊 背书人签章 2020 年 3 月 5 日	背书人签章 年　月　日

（2）出纳填写托收凭证，到开户行办理收款手续。

（3）出纳收到委托收款凭证第四联收账通知联，转给主管会计编制记账凭证。

（4）财务总监审核。

（5）登记银行存款日记账。

托收凭证（受理回单） 1

委托日期：2020 年 3 月 5 日

业务类型	委托收款（□邮划、☑电划）			托收承付（□邮划、□电划）			
付款人	全称	阿克苏市永成农机公司		收款人	全称	新疆 TH 农机制造有限公司	
	账号	3008******091150505			账号	65**********122068012	
	地址	新疆省阿克苏市/县	开户行 工行红旗路支行		地址	新疆省昌吉市/县	开户行 交通银行北京南路支行

金额 人民币（大写）	玖拾伍万元整	亿	千	百	十	万	千	百	十	元	角	分
				¥	9	5	0	0	0	0	0	0

款项内容	货款	托收凭据名称	商业承兑汇票	附寄单证张数	2
商品发运情况	已发运	合同名称号码			
备注： 复核：　　记账：		款项收妥日期 年　月　日		收款人开户银行签章 年　月　日	

托收凭证（收账通知） 4

委托日期：2020 年 3 月 5 日

业务类型	委托收款（□邮划、☑电划）			托收承付（□邮划、□电划）			
付款人	全称	阿克苏市永成农机公司		收款人	全称	新疆 TH 农机制造有限公司	
	账号	3008******091150505			账号	65**********122068012	
	地址	新疆省阿克苏市/县	开户行 工行红旗路支行		地址	新疆省昌吉市/县	开户行 交通银行北京南路支行

金额 人民币（大写）	玖拾伍万元整	亿	千	百	十	万	千	百	十	元	角	分
				¥	9	5	0	0	0	0	0	0

款项内容	货款	托收凭据名称	商业承兑汇票	附寄单证张数	2
商品发运情况	已发运	合同名称号码			
备注： 复核：　　记账：		上列款项已划回收入方账户内 交通银行 北京南路支行 ★ 20200305 ★ 转（2）讫 收款人开户银行签章 年　月　日			

任务 11　网上银行收到销售商品款

2019 年 9 月 4 日，销售给博乐市华兴农机公司精量点播机 100 台，金额为 950 000.00 元，其生产成本每台 4 836.00 元，销售手续办妥，通过网上银行付款金额为 475 000.00 元，余款暂欠。在师傅指导下，复核销售结算单、出库单、增值税普通发票、赊销审批单，核对电子银行交易回单（企业付款方）复印件，整理票据，传递会计账务处理，财务总监审核，登记银行存款日记账。

【任务目标与质量要求】

复核销售结算单、出库单、增值税普通发票、赊销审批单，核对电子银行交易回单（企业付款方）复印件，登记银行存款日记账。

【学习产出目标】

把握复核销售结算单、出库单、增值税普通发票、赊销审批单重点，鉴别核对电子银行交易回单（企业付款方）复印件，规范登记银行存款日记账。描述网上银行收到销售商品款业务的工作程序。

【工作程序与方法要求】

步骤 1. 复核销售结算单、出库单、增值税普通发票、赊销审批单

师傅要求：

（1）赊销单位信息是否准确、全面，可以询问销售内勤，也可以核实销售合同；赊销产品名称、数量、金额与合同是否一致，与发票及付款金额能否核对相符。

（2）核对赊销审批单签字是否齐全。

销售结算单　　00002003

2019 年 9 月 4 日

购货单位： 博乐市华兴农机公司　　**税　　号：** 65 ****** 0208602

地址电话： 博乐市新成北路 200 号 09092 *** 680　　**银行账号：** 301960 ***** 2282905

品名规格	单位	数量	单价	金额	备注
精量点播机	台	100	9500	950000.00	
合　　计				¥950000.00	
结算方式	网上银行付款 475000.00，其余赊欠				

第一联　存根

销售经理： 任洪宾　　**会计：** 刘虹　　**出纳：**　　**制单：** 王燕　　**提货：** 王东

销售结算单　　00002003

2019 年 9 月 4 日

购货单位： 博乐市华兴农机公司　　**税　　号：** 65 ****** 0208602

地址电话： 博乐市新成北路 200 号 09092 *** 680　　**银行账号：** 301960 ****** 2282905

品名规格	单位	数量	单价	金额	备注
精量点播机	台	100	9500	950000.00	
合　　计				¥950000.00	
结算方式	网上银行付款 475000.00，其余赊欠				

第二联　会计

销售经理： 任洪宾　　**会计：** 刘虹　　**出纳：**　　**制单：** 王燕　　**提货：** 王东

销售结算单　　00002003

2019 年 9 月 4 日

购货单位： 博乐市华兴农机公司　　**税　　号：** 65 ****** 0208602

地址电话： 博乐市新成北路 200 号 09092 *** 680　　**银行账号：** 301960 ****** 2282905

品名规格	单位	数量	单价	金额	备注
精量点播机	台	100	9500	950000.00	
合　　计				¥950000.00	
结算方式	网上银行付款 475000.00，其余赊欠				

第三联　记账

销售经理： 任洪宾　　**会计：** 刘虹　　**出纳：**　　**制单：** 王燕　　**提货：** 王东

出库单

领用单位：博乐市华兴农机公司　　用途：销售　　2019 年 9 月 4 日

品名规格	单位	数量	单价	金额	备注
精量点播机	台	100	4836.00	483600.00	
小　计				483600.00	

第一联　存根

领料人：王燕　　库号：3　　保管：陈燕

出库单

领用单位：阿克苏市永成农机公司　　用途：销售　　2019 年 9 月 4 日

品名规格	单位	数量	单价	金额	备注
精量点播机	台	100	4836.00	483600.00	
小　计				483600.00	

第二联　会计

领料人：王燕　　库号：3　　保管：陈燕

出库单

领用单位：博乐市华兴农机公司　　用途：销售　　2019 年 9 月 4 日

品名规格	单位	数量	单价	金额	备注
精量点播机	台	100	4836.00	483600.00	
小　计				483600.00	

第三联　记账

领料人：王燕　　库号：3　　保管：陈燕

新疆增值税普通发票

（全国统一发票监制章 新疆 国家税务总局监制）

6500133140　　№ 00223335

开票日期：2019 年 9 月 4 日

购货单位	名　　称：博乐市华兴农机公司 纳税人识别号：65******0208602 地 址、电 话：博乐市新成北路 200 号 09092***680 开户行及账号：新成路支行 301960******2282905	密码区

货物及应税劳务名称	规格型号	单位	数量	单价	金额	税率	税额
精量点播机		台	100	8636.3 636	863636.3 6	10%	86363.6 4
合　　计					¥863636.36		¥86363.64
价税合计(大写)	⊗玖拾伍万元整			(小写)¥950000.00			

销货单位	名　　称：新疆 TH农机制造有限公司 纳税人识别号：65******0101100 地 址、电 话：昌吉市北京南路 203 号 2**6688 开户行及账号：北京南路支行 65**********122068012	备注

（新疆TH农机制造有限公司 65******0101100 发票专用章）

收款人：　　复核：赵正新　　开票人：刘虹　　销货单位(章)：

第一联　记账联　销货方记账凭证

新疆增值税普通发票

6500133140　　全国统一发票监制章 新疆 发票联 国家税务总局监制　　№ 00223335

开票日期：2019 年 9 月 4 日

购货单位	名　　称：博乐市华兴农机公司 纳税人识别号：65******0208602 地 址、电 话：博乐市新成北路 200 号 09092***680 开户行及账号：新成路支行 301960******2282905			密码区			
货物及应税劳务名称	规格型号	单位	数量	单价	金额	税率	税额
精量点播机		台	100	8636.3636	863636.36	10%	86363.64
合　计					¥863636.36		¥86363.64
价税合计(大写)	⊗玖拾伍万元整（小写）¥950000.00						
销货单位	名　　称：新疆 TH农机制造有限公司 纳税人识别号：65******0101100 地 址、电 话：昌吉市北京南路 203 号 2**6688 开户行及账号：北京南路支行 65**********122068012			备注	新疆TH农机制造有限公司 65******0101100 发票专用章		

收款人：　　复核：赵正新　　开票人：刘虹　　销货单位(章)：

第二联 发票联 购货方记账凭证

赊销审批单　　0000101

2019 年 9 月 4 日

购货单位：博乐市华兴农机公司　　**税　号：**65 ******** 0208602

地址电话：博乐市新成北路 200 号 09092 *** 680　　**银行账号：**301960 ****** 2282905

品名规格	单位	数量	单价	金额	备注
精量点播机	台	50	9500	475000.00	
合　计				¥475000.00	
赊销期限	3 个月		赊销金额	肆拾柒万伍仟元整	

第一联 存根

总经理：辛俊华　　**销售经理：**任洪宾　　**制单：**王燕　　**提货：**王东

赊销审批单　　0000101

2019 年 9 月 4 日

购货单位：博乐市华兴农机公司　　**税　号：**65 ****** 0208602

地址电话：博乐市新成北路 200 号 09092 *** 680　　**银行账号：**301960 ****** 2282905

品名规格	单位	数量	单价	金额	备注
精量点播机	台	50	9500	475000.00	
合　计				¥475000.00	
赊销期限	3 个月		赊销金额	肆拾柒万伍仟元整	

第二联 会计

总经理：辛俊华　　**销售经理：**任洪宾　　**制单：**王燕　　**提货：**王东

赊销审批单 **0000101**

2019 年 9 月 4 日

购货单位：博乐市华兴农机公司 **税　　号：**65 ****** 0208602

地址电话：博乐市新成北路 200 号 09092 *** 680 **银行账号：**301960 ****** 2282905

品名规格	单位	数量	单价	金额	备注
精量点播机	台	50	9500	475000.00	
合　　计				¥475000.00	
赊销期限	3 个月		赊销金额	肆拾柒万伍仟元整	

第三联　记账

总经理：辛俊华 **销售经理：**任洪宾 **制单：**王燕 **提货：**王东

步骤 2. 核对电子银行交易回单（企业付款方）复印件

电子银行交易回单（企业收款方）

2019 年 9 月 4 日

收款方户名：新疆 TH 农机制造有限公司
收款方账号：交通银行北京南路支行
收款方开户行：65 ********** 122068012

付款方户名：博乐市华兴农机公司
付款方账号：301960 ****** 2282905
付款方开户行：工行新疆博乐市分行新成路支行

大写金额：肆拾柒万伍仟元整
小写金额：475000.00
交易用途：货款
受理渠道：
业务流水号：2017090420578601341
集团交易标志：否
集团交易说明：　　　　王东

师傅要求：

（1）电子银行交易回单中付款单位信息、收款单位信息是否正确，其金额与应付金额是否一致。

（2）请华兴公司经办人王东签字确认。

步骤 3. 出纳签字，盖转账收讫章，整理票据，传递会计账务处理，财务总监审核

师傅要求：

（1）盖有转账收讫章的增值税普通发票，将其发票联交给客户。

（2）盖有转账收讫章及出纳签字的销售结算单、出库单，出纳分别将存根联交销售内勤，记账联留下，会计联交销售会计。增值税普通发票、销售结算单、出库单的记账联，赊销审批单，交主管会计，进行账务处理。

（3）以下是传递给主管会计的票据，共5张。

销售结算单　　00002003

2019年9月4日

购货单位：博乐市华兴农机公司　　税　　号：65******0208602

地址电话：博乐市新成北路200号 09092***680　　银行账号：301960******2282905

品名规格	单位	数量	单价	金额	备注
精量点播机	台	100	9500	950000.00	
			转账收讫		
合　计				¥950000.00	
结算方式	网上银行付款475 000.00 ，其余赊欠				

第三联　记账

销售经理：任洪宾　会计：刘虹　出纳：王红　制单：王燕　提货：王东

出库单

领用单位：博乐市华兴农机公司　用途：销售　2019年9月4日

品名规格	单位	数量	单价	金额	备注
精量点播机	台	100	4836.00	483600.00	
			转账收讫		
小　计				483600.00	

第三联　记账

领料人：王燕　库号：3　王红　保管：陈燕

赊销审批单　　0000101

2019年9月4日

购货单位：博乐市华兴农机公司　　税　　号：65******0208602

地址电话：博乐市新成北路200号 09092***680　　银行账号：301960******2282905

品名规格	单位	数量	单价	金额	备注
精量点播机	台	50	9500	475000.00	
合　计				¥475000.00	
赊销期限	3个月		赊销金额	转账收讫 肆拾柒万伍仟元整	

第三联　记账

总经理：辛俊华　销售经理：任洪宾　制单：王燕　王红　提货：王东

新疆增值税普通发票

全国统一发票监制章 新疆 国家税务总局监制

6500133140　　　　№ 00223335

开票日期：2019 年 9 月 4 日

购货单位	名　　称：博乐市华兴农机公司 纳税人识别号：65******0208602 地 址、电 话：博乐市新成北路 200 号 09092***680 开户行及账号：新成路支行 301960******2282905			密码区			
货物及应税劳务名称	规格型号	单位	数量	单价	金额	税率	税额
精量点播机		台	100	8636.3 636	863636.3 6	10%	86363.64
合　　计					¥863636.3		¥86363.64
价税合计(大写)	⊗玖拾伍万元整		(小写)¥950000.00				
销货单位	名　　称：新疆 TH农机制造有限公司 纳税人识别号：65******0101100 地 址、电 话：昌吉市北京南路 203 号 2**6688 开户行及账号：北京南路支行 65**********122068012			备注	新疆TH农机制造有限公司 65******0101100 发票专用章		

转账收讫

第一联 记账联 销货方记账凭证

收款人：王红　　复核：赵正新　　开票人：刘虹　　销货单位(章)：

电子银行交易回单(企业收款方)

2019 年 9 月 4 日

转账收讫

收款方户名：新疆 TH 农机制造有限公司

收款方账号：交通银行北京南路支行

收款方开户行：65**********122068012

付款方户名：博乐市华兴农机公司

付款方账号：301960******2282905

付款方开户行：工行新疆博乐市分行新成路支行

大写金额：肆拾柒万伍仟元整

小写金额：475000.00

交易用途：货款

受理渠道：

业务流水号：2017090420578601341

集团交易标志：否

集团交易说明：　　　　王东

王红

步骤 4. 登记银行存款日记账

记 账 凭 证

2019 年 9 月 4 日　　　　第 8 号

摘要	会计科目	明细科目	√	借方余额（百十万千百十元角分）	贷方余额（百十万千百十元角分）
销售商品	银行存款		√	4 7 5 0 0 0 0 0	
	应收账款	华兴公司		4 7 5 0 0 0 0 0	
	主营业务收入	精量点播机			8 6 3 6 3 6 3 6
	应交税费	应交增值税			8 6 3 6 3 6 4
合计		（附件 5 张）		¥ 9 5 0 0 0 0 0 0	¥ 9 5 0 0 0 0 0 0

会计主管张振中　　记账　　稽核　　填制赵正新

银行存款日记账

2019 年		凭证编号	摘 要	借 方	贷 方	余 额
9 月	日					
	1		期初余额			201800.00
	1	1	提现		5000.00	196800.00
	1	3	销售商品	14000.00		210800.00
	1	5	收到万发公司前欠货款	61000.00		271800.00
	4	6	购买材料		23400.00	248400.00
	4	8	销售商品	475000.00		723400.00

师傅要求：

（1）今日结束，出纳需要核对银行存款日记账和银行存款总账，若两者相符，说明银行存款没有问题。若两者不符，首先核查当日银行存款日记账结账有无问题，在没有问题的情况下，接着核查当日发生的记账凭证、原始凭证，若查出问题，改正后，看看两者能否相符，若相符，可结束，若不符，可让会计核查总账，至到两者相符为止。

（2）库存现金日记账，当日没有发生，可不核对。

任务12　支付社保

2019年9月8日，缴纳本月养老保险基金115 570.56元，其中单位部分82 550.40元，个人部分33 020.16元；失业保险基金12 382.56元，其中单位部分8 255.04元，个人部分4 127.52元；医疗保险基金157 390.32元，其中单位部分139 415.28元，个人部分17 975.04元；工伤保险基金6 191.52元；生育保险基金4 127.52元；合计295 662.48元。

在师傅指导带领下，复核付款申请单，打印转账支票，加盖总经理人名章，整理票据，传递会计账务处理，财务总监审核，登记银行存款日记账。

【任务目标与质量要求】

复核付款申请单，打印转账支票，加盖总经理人名章，登记银行存款日记账。

【学习产出目标】

把握复核付款申请单重点，准确打印转账支票，规范登记银行存款日记账。描述支票付款业务的工作程序。

【工作程序与方法要求】

步骤1. 复核付款申请单

师傅要求：

（1）付款申请单。首先询问赵一飞，本月社保需要付多少钱，然后，查看付款申请单中所写内容与所说是否一致，这样审核速度快，又能做到互相印证，审批是否齐全，最后，查看本人的签字。

（2）社会保障基金划缴凭证所填金额是否正确。

付款申请单　　**0000125**

2019年9月8日

收款单位	CJ社保局	开 户 行	建行文化东路支行
付款项目	缴纳社保	账　　号	65 ****** 500000000000
付款方式	转账支票	应付金额	295662.48

续表

付款金额（大写）	贰拾玖万伍仟陆佰陆拾贰元肆角捌分　¥295 662.48				
申请部门	人力资源部	部门领导	项中华	申请人	赵一飞
会　　计	赵正新	财务总监	张振中	总经理	辛俊华

社会保障基金划缴凭证

2019 年 9 月 8 日

付款人	全称	新疆 TH 农机制造有限公司	收款人	全称	CJ 社保局
	账号	65 *********** 122068012		账号	65 ****** 500000000000
	开户银行	交通银行北京南路支行		开户银行	建行文化东路支行

缴款项目		费款归属日期：2019.09—2019.09	
1. 养老保险基金		单位部分	82550.40
		个人部分	33020.16
2. 失业保险基金		单位部分	8255.04
		个人部分	4127.52
3. 医疗保险基金		单位部分	139415.28
		个人部分	17975.04
4. 工伤保险基金			6191.52
5. 生育保险基金			4127.52
迟交天数		滞纳金数额	0
合计（大写）人民币贰拾玖万伍仟陆佰陆拾贰元肆角捌分			295662.48
			收款人签章 2019 年 9 月 8 日

步骤 2. 打印转账支票，盖法人章，传递主管会计盖财务专用章

交通银行
转账支票存根
01457370

附加信息：

出票日期 2019 年 9 月 8 日

收款人：	CJ 社保局
金　额：	¥295662.48
用　途：	缴纳社保

单位主管　　会计

交通银行　**转账支票**　01457370

出票日期(大写) 贰零壹玖年零玖月零捌日　付款行名称：北京南路支行

收款人：CJ 社保局　　出票人账号：0122068012

人民币（大写）	亿	千	百	十	万	千	百	十	元	角	分
贰拾玖万伍仟陆佰			¥	2	9	5	6	6	2	4	8

用途　社保　　密码

上列款项请从　　行号

我账户内支付

新疆TH农机制造有限公司 财务专用章

华辛 印俊

出票人签章　　复核　　记账

步骤 3. 整理票据，传递会计账务处理，财务总监审核

付款申请单　　0000125

2019 年 9 月 8 日

收款单位	CJ 社保局		开户行	建行文化东路支行	
付款项目	缴纳社保		账号	65******500000000000	
付款方式	转账支票		应付金额	295 662.48	
付款金额(大写)	贰拾玖万伍仟陆佰陆拾贰元肆角捌分　¥295 662.48				
申请部门	人力资源部	部门领导	项中华	申请人	赵一飞
会　计	赵正新	财务总监	张振中	总经理	辛俊华

转账付讫

社会保障基金划缴凭证

2019 年 9 月 8 日

付款人	全称	新疆 TH 农机制造有限公司	收款人	全称	CJ 社保局
	账号	65 ********** 122068012		账号	65 ****** 500000000000
	开户银行	交通银行北京南路支行		开户银行	建行文化东路支行

缴款项目		费款归属日期：2019.09—2019.09	
1. 养老保险基金		单位部分	82550.40
		个人部分	33020.16
2. 失业保险基金		单位部分	8255.04
		个人部分	4127.52
3. 医疗保险基金		单位部分	139415.28
		个人部分	17975.04
4. 工伤保险基金			6191.52
5. 生育保险基金			4127.52
迟交天数		滞纳金数额	0
合计（大写）人民币贰拾玖万伍仟陆佰陆拾贰元肆角捌分			295662.48
			收款人签章 2019 年 9 月 8 日

交通银行
现金支票存根
01457370

附加信息：

出票日期：2019 年 9 月 8 日

收款人：CJ 社保局
金额：￥29662.4
用途：缴纳社保

单位主管　　会计

步骤 4. 登记银行存款日记账

记 账 凭 证

2019 年 9 月 8 日　　　　第 9 号

摘要	会计科目	明细科目	√	借方余额 百 十 万 千 百 十 元 角 分	贷方余额 百 十 万 千 百 十 元 角 分
缴纳社保	应付职工薪酬	社会保险		2 4 0 5 3 9 7 6	
	其他应收款	社会保险		5 5 1 2 2 7 2	
	银行存款		√		2 9 5 6 6 2 4 8
合计		（附件 3 张）		¥ 2 9 5 6 6 2 4 8	¥ 2 9 5 6 6 2 4 8

会计主管张振中　　记账　　稽核　　填制赵正新

银行存款日记账

2019 年		凭证编号	摘　要	借　方	贷　方	余　额
9 月	日					
	1		期初余额			201800.00
	1	1	提现		5000.00	196800.00
	1	3	销售商品	14000.00		210800.00
	1	5	收到万发公司前欠货款	61000.00		271800.00
	4	6	购买材料		23400.00	248400.00
	4	8	销售商品	475000.00		723400.00
	8	9	缴纳社保		295662.48	427737.52

任务13　支付工资

2019年9月8日，开出转账支票一张，支付本月职工工资273 122.72元，其中生产播种机人员工资137 561.36元，生产点播机人员工资99 844.18元，车间管理人员工资10 756.14元，行政管理人员工资24 961.04元，并附工资发放通知单。在师傅指导带领下，复核工资发放通知单，工资汇总表及明细表信息，打印支票，加盖法人人名章，出纳持支票到主管会计处加盖财务专用章，将职工个人姓名、账号、金额的电子信息与转账支票一并交于开户银行。整理票据，传递给主管会计进行账务处理。登记银行存款日记账。

【任务目标与质量要求】

复核工资发放通知单，工资汇总表及明细表信息，打印支票。整理票据，登记银行存款日记账。

【学习产出目标】

把握复核工资发放通知单，工资汇总表及明细表信息重点，准确打印支票，规范登记银行存款日记账。描述转账支票付款业务的工作程序。

【工作程序与方法要求】

步骤1. 复核付款申请单、工资汇总表、工资发放通知单

师傅要求：

付款申请单、工资汇总表、工资发放通知单三张表格金额是否正确，签字是否齐全。

付款申请单　　0000126

2019年9月8日

收款单位	新疆TH农机制造有限公司		开 户 行	交通银行北京南路支行	
付款项目	2019年8月工资		账　　号	65 ********** 122068012	
付款方式	转账支票		应付金额	218000.00	
付款金额（大写）	贰拾壹万捌仟元整				
申请部门	人力资源部	部门领导	项中华	申请人	赵一飞
会　　计	赵正新	财务总监	张振中	总经理	辛俊华

2019 年 8 月工资汇总表

2019 年 9 月 8 日

服务性质	岗位工资	效益工资	应发工资	扣款合计	实发工资
16 行播种机	50000	87561.36	137561.36	27561.36	110000.00
点播机	40000	59844.18	99844.18	19844.18	80000.00
车间管理	4000	60756.14	10756.14	2756.14	8000.00
行政管理	1000	14961.04	24961.04	4961.04	20000.00
合计			273122.72	55122.72	218000.00

总经理：辛俊华　　审核：项中华　　制表：赵一飞

工资发放通知单

0000121

财务部：

请你部接此通知后于 3 日内发放2019 年 8 月工资。

类　别	应发工资	扣款合计	实发工资	备　注
一车间人员	137561.36	27561.36	110000.00	
二车间人员	99844.18	19844.18	80000.00	
车间管理人员	10756.14	2756.14	8000.00	
行政管理人员	24961.04	4961.04	20000.00	
合计	273122.72	55122.72	218000.00	

总经理：辛俊华　　审核：项中华　　制表：赵一飞

人力资源部

2019 年 9 月 8 日

工资发放通知单

0000121

财务部：

请你部接此通知后于 3 日内发放2019 年 8 月工资。人力资源部　2019 年 9 月 8 日

类　别	应发工资	扣款合计	实发工资	备　注
一车间人员	137561.36	27561.36	110000.00	
二车间人员	99844.18	19844.18	80000.00	
车间管理人员	10756.14	2756.14	8000.00	
行政管理人员	24961.04	4961.04	20000.00	
合计	273122.72	55122.72	218000.00	

总经理：辛俊华　　审核：项中华　　制表：赵一飞

步骤 2. 打印转账支票，盖法人章，传递主管会计盖财务专用章

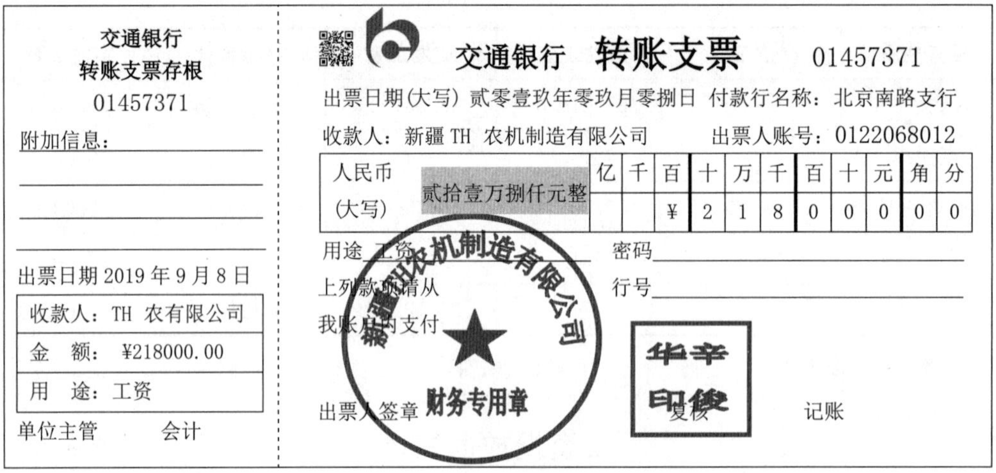
交通银行
转账支票存根
01457371
附加信息：
出票日期 2019 年 9 月 8 日
收款人：TH 农有限公司
金　额：¥218000.00
用　途：工资
单位主管　　会计

交通银行　转账支票　01457371
出票日期(大写) 贰零壹玖年零玖月零捌日　付款行名称：北京南路支行
收款人：新疆 TH 农机制造有限公司　出票人账号：0122068012

人民币(大写)	亿	千	百	十	万	千	百	十	元	角	分
贰拾壹万捌仟元整			¥	2	1	8	0	0	0	0	0

用途 工资　密码
上列款项请从　行号
我账户内支付
出票人签章　复核　记账
新疆TH农机制造有限公司 财务专用章
华辛印

步骤 3. 工资录入、导入网银、发放工资、打印电子回单

下面以交通银行工资发放操作过程为例说明工资在银行发放中的操作。

工资发放，完成企业工资发放功能。包括工资录入、工资文件导入、工资维护、工资授权。其中，工资发放数据有两种录入方式：网银在线录入和网银离线客户端录入。

（1）工资录入

工资录入，录入员通过在线网银系统，进行企业代发工资数据文件的逐笔录入工作。

操作步骤

点击**财务通**>>**工资发放**>>**工资录入**菜单，进入代发工资录入页面（如图 3-2-8　代

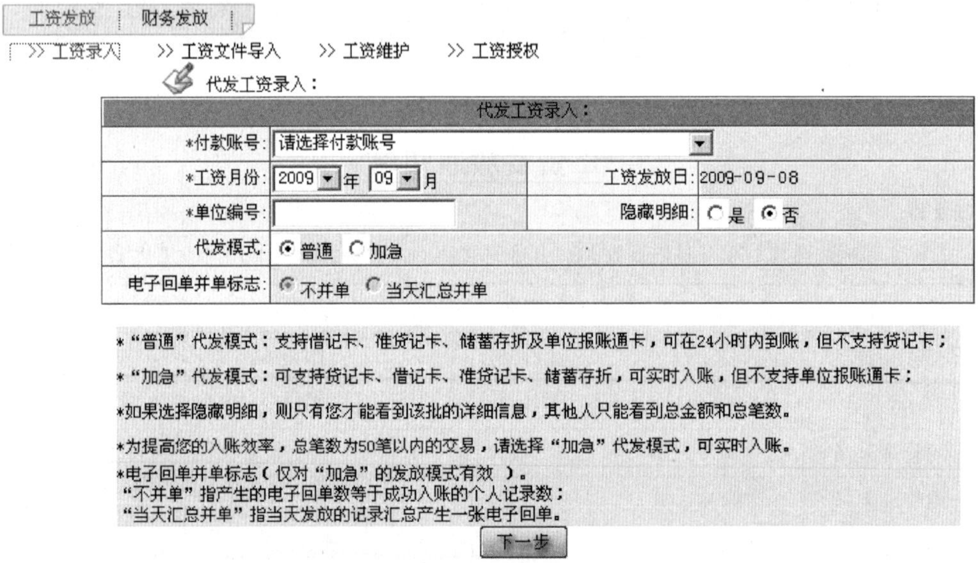

图 3-2-8　代发工资录入

发工资录入）

选择输入**付款账号**

选择输入**工资月份**

输入**单位编号**

选择输入是否**隐藏明细**

选择输入**代发模式**（普通、加急）

若选择加急代发模式，则还需选择输入电子回单并单标志（不并单、当天汇总并单）

点击下一步，进入代发工资录入后续页面（如图 3-2-9　代发工资录入后续页面）

图 3-2-9　代发工资录入后续页面

输入完账号/卡号、金额等要素后，点击【添加】按钮，网页下端显示代发工资录入登记表，（如图 3-2-10　代发工资录入登记表），同时录入员可继续录入下一笔代发工资数据资料。

修改，选择需要修改的代发工资指令，点击【修改】按钮，可对该笔代发工资信息进行修改：

输入需要修改的项目如：账号/卡号、工号、金额、姓名等要素；

修改完成后，点击【添加】按钮，此笔交易将在录入登记表中重新登记；点击【重置】按钮，可以对该笔交易进行重新修改。

删除，选择需删除的代发工资指令，点击【删除】按钮，将该笔代发工资指令删除。

全选，点击【全选】按钮，将选中所有代发工资指令信息。

重置，点击【重置】按钮，将重置输入框/选择框为未输入/未选择状态。

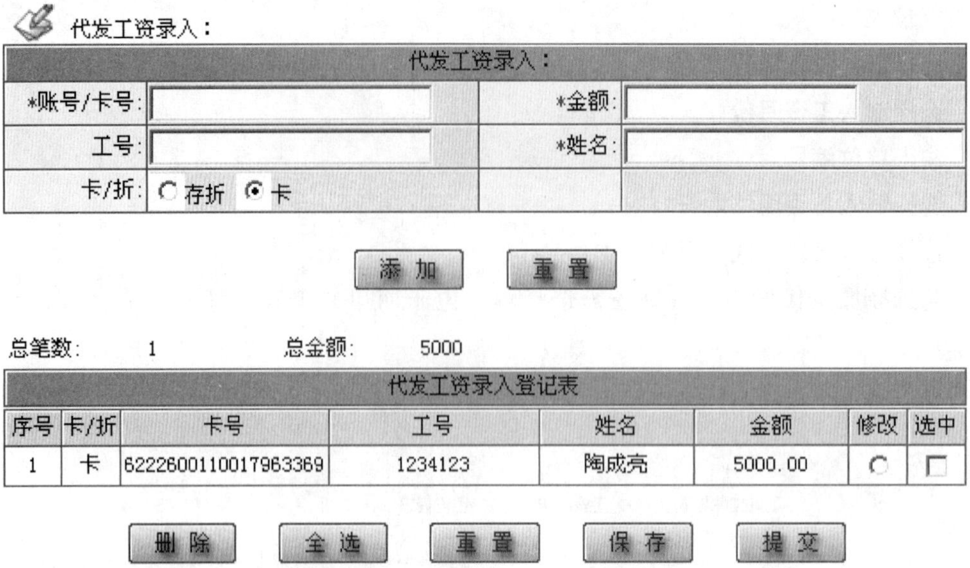

图 3-2-10　代发工资录入登记表

保存，可将登记表内信息保存到 excel 文件

录入员将代发工资资料录入完毕，并将"代发工资录入登记表"核对无误后，点击【提交】按钮，显示代发工资—工资录入处理结果，（如图 3-2-11　代发工资录入登记表）；

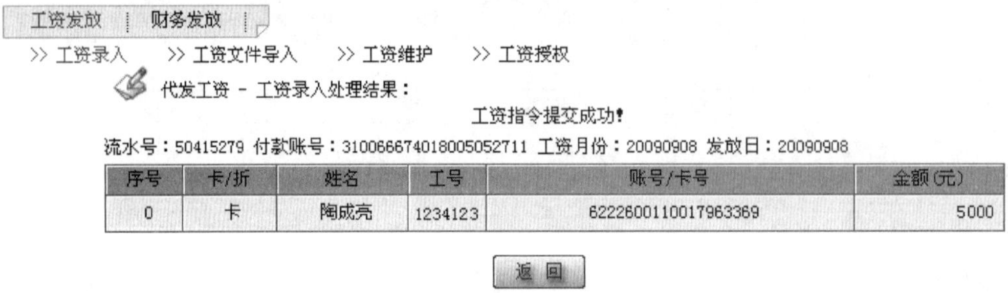

图 3-2-11　代发工资录入处理结果

要点提示

◇ 在录入或者导入时，如果选择了**隐藏明细**，那么授权员在授权时**明细**就显示为**隐藏**，从而授权员就看不到相关工资的内容。

◇ 企业录入员在**代发工资录入登记表**中，可通过**修改**、**删除**、**全选**、**重置**等操作，对已登记代发工资数据进行删除、重置。

◇ 企业录入员在**代发工资录入登记表**中，可通过**保存**交易将代发工资数据文件导入到指定的 EXCEL 表格中。

◇ 企业录入员代发工资的数据录入提交成功后，只可在该交易未授权的情况下，通过**工资维护**交易对该交易进行**修改，删除**。

◇ 企业录入员代发工资的数据录入、提交成功后，授权员可在网银**工资授权**中，对该笔交易进行授权或拒绝操作。

◇ 每次工资代发的笔数应控制在500笔以内。

（2）打印电子回单。

交通银行—网上银行电子回单			
指令序号：	72510835	指令状态：	交易成功
提交时间：	2019-09-08 16：20：05	转账金额（元）：	218000.00
转出账号：	65 ********** 122068012	转入账号：	
转出账号户名：	新疆TH农机制造有限公司	转入账号户名：	新疆TH农机制造有限公司
转出账号开户行：	交通银行	转入账号开户行：	交通银行
邮电费（元）：	0.00	手续费（元）：	0.00
转账类型：	同城	转账用途：	工资
是否预约：	不预约	预约日期：	
是否加急：	普通	流水校验码：	99CP8-M6CGX-EQQMN-6V8P3
企业业务编号：		修改次数：	0

步骤4. 整理票据，财务总监审核，传递给主管会计进行账务处理

付款申请单

0000126

2019年9月8日

收款单位	新疆TH农机制造有限公司		开 户 行	交通银行北京南路支行	
付款项目	2019年8月工资		账 号	65 ********** 122068012	
付款方式	转账支票		应付金额	218000.00	
付款金额（大写）	贰拾壹万捌仟元整				
申请部门	人力资源部	部门领导	项中华	申请人	赵一飞
会 计	赵正新	财务总监	张振中	总经理	辛俊华

2019年8月工资汇总表

2019年9月8日

服务性质	岗位工资	效益工资	应发工资	扣款合计	实发工资
16行播种机	50 000	87561.36	137561.36	27561.36	110000.00
点播机	40000	59844.18	99844.18	19844.18	80000.00
车间管理	4000	60756.14	10756.14	2756.14	8000.00
行政管理	10000	14961.04	24961.04	4961.04	20000.00
合 计			273122.72	55122.72	218000.00

总经理：辛俊华　　审核：项中华　　制表：赵一飞

工资发放通知单

0000121

财务部：

请你部接此通知后于 3 日内发放 2019 年 8 月工资。人力资源部　2019 年 9 月 8 日

类　别	应发工资	扣款合计	实发工资	备　注
一车间人员	137 561.36	27 561.36	110 000.00	
二车间人员	99 844.18	19 844.18	80 000.00	
车间管理人员	10 756.14	2 756.14	8 000.00	
行政管理人员	24 961.04	4 961.04	20 000.00	
合计	273 122.72	55 122.72	218 000.00	

总经理：辛俊华　　审核：项中华　　制表：赵一飞

交通银行—网上银行电子回单			
指令序号：	72510835	指令状态：	交易成功
提交时间：	2019-09-08 16：20：05	转账金额（元）：	218000.00
转出账号：	65 *********** 122068012	转入账号：	
转出账号户名：	新疆 TH 农机制造有限公司	转入账号户名：	新疆 TH 农机制造有限公司
转出账号开户行：	交通银行	转入账号开户行：	交通银行
邮电费（元）：	0.00	手续费（元）：	0.00
转账类型：	同城	转账用途：	工资
是否预约：	不预约	预约日期：	
是否加急：	普通	流水校验码：	99CP8-M6CGX-EQQMN-6V8P3
企业业务编号：		修改次数：	0

步骤 5. 登记银行存款日记账

记　账　凭　证

2019 年 9 月 8 日　　第 10 号

摘要	会计科目	明细科目	√	借方余额	贷方余额
支付工资	应付职工薪酬	工资		27312272	
	银行存款		√		21800000
	其他应收款	社会保险			5512272
合计		（附件 4 张）		¥27312272	¥27312272

会计主管张振中　　记账　　稽核　　填制赵正新

银行存款日记账

2019年		凭证编号	摘　要	借　方	贷　方	余　额
9月	日					
	1		期初余额			201800.00
	1	1	提现		5000.00	196800.00
	1	3	销售商品	14000.00		210800.00
	1	5	收到万发公司前欠货款	61000.00		271800.00
	4	6	购买材料		23400.00	248400.00
	4	8	销售商品	475000.00		723400.00
	8	9	缴纳社保		295662.48	427737.52
	8	10	支付工资		218000.00	209737.52

任务14 缴纳税款

2019年9月8日，开户银行划转税费8 366.11元，从银行取回划转票据。在师傅指导带领下，复核付款申请单、电子缴税付款凭证，整理票据，传递给会计进行账务处理，财务总监审核，登记银行存款日记账。

【任务目标与质量要求】

复核付款申请单、电子缴税付款凭证，整理票据，登记银行存款日记账。

【学习产出目标】

把握复核付款申请单、电子缴税付款凭证重点，规范整理票据，规范登记银行存款日记账。

【工作程序与方法要求】

步骤1. 复核付款申请单

付款申请单　　0000127

2019年9月8日

收款单位	昌吉市国家税务局		开 户 行	国家金库昌吉市支库	
付款项目	增值税		账　　号		
付款方式	银行划转		应付金额	8366.11	
付款金额（大写）	捌仟叁佰陆拾陆元壹角壹分　　￥8366.11				
申请部门	财务部	部门领导	张振中	申请人	刘虹
会　　计	赵正新	财务总监	张振中	总经理	

步骤2. 电子缴税付款凭证

交通银行电子缴税付款凭证

转账日期：2019 年 9 月 8 日　　凭证编号：2017090821223122

付款人全称：	征收机关名称：昌吉市国家税务局
付款人账号：	收款国库名称：国家金库昌吉市支库
付款人开户银行：	税票号码：72 ****** 11133333
小写金额　¥8366.11	
大写金额：人民币捌仟叁佰陆拾陆元壹角壹分	
税种名称　所属日期	实缴金额
增值税　20190801-20190831	¥8366.11
第 1 次打印	11：11：11

第二联　作付款回单（无银行收讫章无效）　复核　记账

步骤 3. 整理票据，传递给主管会计账务处理，财务总监审核

付款申请单　**0000127**

2019 年 9 月 8 日

收款单位	昌吉市国家税务局		**开户行**	国家金库昌吉市支库	
付款项目	增值税		**账号**		
付款方式	银行划转		**应付金额**	8366.11	
付款金额（大写）	捌仟叁佰陆拾陆元壹角壹分		¥8366.11		
申请部门	财务部	**部门领导**	张振中	**申请人**	刘虹
会　计	赵正新	**财务总监**	张振中	**总经理**	

交通银行电子缴税付款凭证

转账日期：2019 年 9 月 8 日　　凭证编号：2017090821223122

付款人全称：	征收机关名称：昌吉市国家税务局
付款人账号：	收款国库名称：国家金库昌吉市支库
付款人开户银行：	税票号码：72 ****** 11133333
小写金额　¥8366.11	
大写金额：人民币捌仟叁佰陆拾陆元壹角壹分	
税种名称　所属日期	实缴金额
增值税　20190801-20190831	¥8366.11
第 1 次打印	11：11：11

第二联　作付款回单（无银行收讫章无效）　复核　记账

步骤 4. 登记银行存款日记账

记账凭证

2019 年 9 月 8 日　　第 11 号

摘要	会计科目	明细科目	√	借方余额	贷方余额
				百十万千百十元角分	百十万千百十元角分
8 月税款	应交税费	应交增值税		836611	
8 月税款	银行存款		√		836611
合计		（附件 2 张）		¥836611	¥836611

会计主管张振中　　记账　　稽核　　填制赵正新

银行存款日记账

2019 年		凭证编号	摘　要	借　方	贷　方	余　额
9 月	日					
	1		期初余额			201800.00
	1	1	提现		5000.00	196800.00
	1	3	销售商品	14000.00		210800.00
	1	5	收到万发公司前欠货款	61000.00		271800.00
	4	6	购买材料		23400.00	248400.00
	4	8	销售商品	475000.00		723400.00
	8	9	缴纳社保		295662.48	427737.52
	8	10	支付工资		218000.00	209737.52
	8	11	8 月税款		8366.11	201371.41

任务 15　销售商品收到银行承兑汇票

2019 年 9 月 11 日，销售给玛纳斯县万荣农机公司精量点播机 100 台，金额为 950 000.00 元，其生产成本每台 4 836.00 元，销售手续办妥，收到一张期限为 6 个月的银行承兑汇票，出票日为 2019 年 9 月 11 日，金额为 950 000.00 元。在师傅指导带领下，复核销售结算单、出库单、增值税普通发票，核对银行承兑汇票，整理票据，传递会计账务处理，登记应收票据登记簿。

【任务目标与质量要求】

复核销售结算单、出库单、增值税普通发票，核对银行承兑汇票，整理票据，登记应收票据登记簿。

【学习产出目标】

把握复核销售结算单、出库单、增值税普通发票重点，鉴别银行承兑汇票，规范登记应收票据登记簿。描述销售商品收到银行承兑汇票业务的工作程序。

【工作程序与方法要求】

步骤 1. 复核销售结算单、出库单、增值税普通发票

销售结算单　　00002004

2019 年 9 月 11 日

购货单位：玛纳斯县万荣农机公司　　**税　　号：**65 ****** 0503501

地址电话：玛纳斯县团结南路 120 号 09946 *** 999　　**银行账号：**3004 ****** 063362563

品名规格	单位	数量	单价	金额	备注
精量点播机	台	100	9500	950000.00	
合　计				￥950000.00	
结算方式	银行承兑汇票，期限 6 个月				

第一联　存根

销售经理：任洪宾　**会计：**刘虹　**出纳：**　**制单：**王燕　**提货：**李明

销售结算单　　00002004

2019 年 9 月 11 日

购货单位：玛纳斯县万荣农机公司　　税　　号：65 ****** 0503501

地址电话：玛纳斯县团结南路 120 号 09946 *** 999　　银行账号：3004 ****** 063362563

品名规格	单位	数量	单价	金额	备注
精量点播机	台	100	9500	950000.00	
合　　计				￥950000.00	
结算方式	银行承兑汇票，期限 6 个月				

第二联　会计

销售经理：任洪宾　　会计：刘虹　　出纳：　　制单：王燕　　提货：李明

销售结算单　　00002004

2019 年 9 月 11 日

购货单位：玛纳斯县万荣农机公司　　税　　号：65 ****** 0503501

地址电话：玛纳斯县团结南路 120 号 09946 *** 999　　银行账号：3004 ****** 063362563

品名规格	单位	数量	单价	金额	备注
精量点播机	台	100	9500	950000.00	
合　　计				￥950000.00	
结算方式	银行承兑汇票，期限 6 个月				

第三联　记账

销售经理：任洪宾　　会计：刘虹　　出纳：　　制单：王燕　　提货：李明

出库单

领用单位：玛纳斯县万荣农机公司　　用途：销售　　2019 年 9 月 11 日

品名规格	单位	数量	单价	金额	备注
精量点播机	台	100	4836.00	483600.00	
小　　计				483600.00	

第一联　存根

领料人：王燕　　库号：3　　保管：陈燕

出库单

领用单位：玛纳斯县万荣农机公司　　**用途：**销售　　2019 年 9 月 11 日

品名规格	单位	数量	单价	金额	备注
精量点播机	台	100	4836.00	483600.00	
小　计				483600.00	

第二联　会计

领料人：王燕　　**库号：**3　　**保管：**陈燕

出库单

领用单位：玛纳斯县万荣农机公司　　**用途：**销售　　2019 年 9 月 11 日

品名规格	单位	数量	单价	金额	备注
精量点播机	台	100	4836.00	483600.00	
小　计				483600.00	

第三联　记账

领料人：王燕　　**库号：**3　　**保管：**陈燕

新疆增值税普通发票

6500133140　　№ 00223336

全国统一发票监制章 新疆 国家税务总局监制

开票日期：2019 年 9 月 11 日

购货单位	名　称：玛纳斯县万荣农机公司 纳税人识别号：65******0503501 地 址、电 话：玛纳斯县团结南路 120 号 6***999 开户行及账号：团结路支行 3004******063362563	密码区	

货物及应税劳务名称	规格型号	单位	数量	单价	金额	税率	税额
精量点播机		台	100	8636.3636	863636.36	10%	86363.64
合　计					¥863636.36		¥86363.64
价税合计(大写)	⊗玖拾伍万元整				(小写)¥950000.00		

销货单位	名　称：新疆 TH农机制造有限公司 纳税人识别号：65******0101100 地 址、电 话：昌吉市北京南路 203 号 2**6688 开户行及账号：北京南路支行 65**********122068012	备注	新疆TH农机制造有限公司 65******0101100 发票专用章

收款人：　　复核：赵正新　　开票人：刘虹　　销货单位(章)：

第一联 记账联 销货方记账凭证

新疆增值税普通发票

6500133140　　（全国统一发票监制章 新疆 发票联 国家税务总局监制）　　№ 00223336

开票日期：2019 年 9 月 11 日

购货单位	名称：玛纳斯县万荣农机公司 纳税人识别号：65******0503501 地址、电话：玛纳斯县团结南路 120 号 6***999 开户行及账号：团结路支行 3004******063362563	密码区					
货物及应税劳务名称	规格型号	单位	数量	单价	金额	税率	税额
精量点播机		台	100	8636.36 36	863636.36	10%	86363.64
合　计					¥863636.36		¥86363.64
价税合计(大写)	⊗玖拾伍万元整			(小写)¥950000.00			
销货单位	名称：新疆 TH农机制造有限公司 纳税人识别号：65******0101100 地址、电话：昌吉市北京南路 203 号 2**6688 开户行及账号：北京南路支行 65**********122068012	备注	（新疆TH农机制造有限公司 65******0101100 发票专用章）				

收款人：　　复核：赵正新　　开票人：刘虹　　销货单位(章)：

第二联 发票联 购货方记账凭证

步骤 2. 审核银行承兑汇票

银行承兑汇票　2　BB 01 02208559

出票日期（大写）　贰零壹玖年零玖月壹拾壹日

出票人		收款人	
全　称	玛纳斯县万荣农机公司	全　称	新疆 TH 农机制造有限公司
账　号	3004******063362563	账　号	65**********122068012
开户银行	工行团结路支行	开户银行	北京南路支行

出票金额 人民币（大写）	玖拾伍万元整	亿	千	百	十	万	千	百	十	元	角	分
				¥	9	5	0	0	0	0	0	0

汇票到期（大写）	贰零贰零年零叁月壹拾壹日	付款行 行号	421993
承兑协议编号	2019-15	付款行 地址	玛纳斯县文化路 100 号

本汇票请你行承兑，到期无条件付款 （玛纳斯县万荣农机公司 财务专用章）（李荣 印万） 出票人签章	本汇票请你行承兑，到期日由本行付款。 （工商银行 玛纳斯县支行 2019.09.11 汇票专用章） 承兑行签章 承兑日期 2019 年 9 月 11 日	复核　记账

师傅要求：

(1) 是否为中国人民银行统一印制的银行承兑汇票

(2) 出票人和收款人的全称、账号、开户银行是否正确。

(3) 银行承兑汇票金额大小写是否相符，与发票金额是否一致。

(4) 出票人签章、承兑行签章是否清晰。

(5) 出票日期和到期日期是否在有效期内。

(6) 记录万荣公司经办人的联系方式。

步骤 3. 出纳签字，盖银行承兑汇票收讫章，发票联给客户

新疆增值税普通发票

6500133140　　全国统一发票监制章 新疆 国家税务总局监制　发票联　　№ 00223336

开票日期：2019 年 9 月 11 日

购货单位	名称：玛纳斯县万荣农机公司 纳税人识别号：65******0503501 地址、电话：玛纳斯县团结南路 120 号 6***999 开户行及账号：团结路支行 3004******063362563	密码区					
货物及应税劳务名称	规格型号	单位	数量	单价	金额	税率	税额
精量点播机		台	100	8636.363 6	863636.36	10%	86363.64
合　计					¥863636.36		¥86363.64
价税合计(大写)	⊗玖拾伍万元整				(小写)¥950000.00		
销货单位	名称：新疆 TH农机制造有限公司 纳税人识别号：65******0101100 地址、电话：昌吉市北京南路 203 号 2**6688 开户行及账号：北京南路支行 65**********122068012	备注	新疆TH农机制造有限公司 65******0101100 发票专用章				

银行承兑汇票收讫

第二联 发票联 购货方记账凭证

收款人：王红　　复核：赵正新　　开票人：刘虹　　销货单位(章)：

步骤 4. 出纳签字，盖商业承兑汇票收讫章，整理票据

销售结算单　　00002004

2019 年 9 月 11 日

购货单位：玛纳斯县万荣农机公司　　**税　　号：**65******0503501

地址电话：玛纳斯县团结南路 120 号 09946***999　　**银行账号：**3004******063362563

品名规格	单位	数量	单价	金额	备注
精量点播机	台	100	9500	950000.00	
		银行承兑汇票收讫			
合　计				¥950000.00	
结算方式	银行承兑汇票，期限 6 个月				

第一联 存根

销售经理：任洪宾　**会计：**刘虹　**出纳：**王红　**制单：**王燕　**提货：**刘成

销售结算单　　00002004

2019 年 9 月 11 日

购货单位：玛纳斯县万荣农机公司　　税　号：65******0503501

地址电话：玛纳斯县团结南路 120 号 09946***999　银行账号：3008******091150505

品名规格	单位	数量	单价	金额	备注
精量点播机	台	100	9500	950000.00	
合　计				¥950000.00	
结算方式	银行承兑汇票，期限 6 个月				

银行承兑汇票收讫

第二联　会计

销售经理：任洪宾　会计：刘虹　出纳：王红　制单：王燕　提货：李明

销售结算单　　00002004

2019 年 9 月 11 日

购货单位：玛纳斯县万荣农机公司　　税　号：65******0503501

地址电话：玛纳斯县团结南路 120 号 09946***999　银行账号：3004******063362563

品名规格	单位	数量	单价	金额	备注
精量点播机	台	100	9500	950000.00	
合　计				¥950000.00	
结算方式	银行承兑汇票，期限 6 个月				

银行承兑汇票收讫

第三联　记账

销售经理：任洪宾　会计：刘虹　出纳：王红　制单：王燕　提货：李明

出 库 单

领用单位：玛纳斯县万荣农机公司　用途：销售　2019 年 9 月 11 日

品名规格	单位	数量	单价	金额	备注
精量点播机	台	100	4836.00	483600.00	
小　计				483600.00	

银行承兑汇票收讫

第一联　存根

领料人：王燕　库号：3　王红　保管：陈燕

出库单

领用单位：玛纳斯县万荣农机公司　　用途：销售　　2019年9月11日

品名规格	单位	数量	单价	金额	备注
精量点播机	台	100	4836.00	483600.00	
			银行承兑汇票收讫		
小　计				483600.00	

第二联　会计

领料人：王燕　　库号：3 王红　　保管：陈燕

出库单

领用单位：玛纳斯县万荣农机公司　　用途：销售　　2019年9月11日

品名规格	单位	数量	单价	金额	备注
精量点播机	台	100	4836.00	483600.00	
				银行承兑汇票收讫	
小　计				483600.00	

领料人：王燕　　库号：3　王红　　保管：陈燕

新疆增值税普通发票

全国统一发票监制章 新疆 国家税务总局监制

6500133140　　№ 00223336

开票日期：2019年9月11日

购货单位	名　　称：玛纳斯县万荣农机公司 纳税人识别号：65******0503501 地 址、电 话：玛纳斯县团结南路120号 09946***999 开户行及账号：团结路支行 3004******063362563	密码区					
货物及应税劳务名称	规格型号	单位	数量	单价	金额	税率	税额
精量点播机		台	100	8636.3636	863636.36	10%	86363.64
合　计		银行承兑汇票收讫			¥863636.36		¥86363.64
价税合计(大写)	⊗玖拾伍万元整			(小写)¥950000.00			
销货单位	名　　称：新疆TH农机制造有限公司 纳税人识别号：65******0101100 地 址、电 话：昌吉市北京南路203号 2**6688 开户行及账号：北京南路支行 65**********122068012	备注	新疆TH农机制造有限公司 65******0101100 发票专用章				

第一联　记账联　销货方记账凭证

收款人：王红　　复核：赵正新　　开票人：刘虹　　销货单位(章)：

师傅要求：

（1）盖有商业汇票收讫章及出纳签字的销售结算单、出库单，出纳分别将存根联交销售内勤，记账联留下，会计联交销售会计。增值税普通发票、销售结算单、出库单的记账，交主管会计，进行账务处理。

（2）以下是传递给主管会计的票据，共3张。

销售结算单 00002004

2019 年 9 月 11 日

购货单位：玛纳斯县万荣农机公司　　税　　号：65******0503501

地址电话：玛纳斯县团结南路 120 号 09946***999　　银行账号：3004******063362563

品名规格	单位	数量	单价	金额	备注
精量点播机	台	100	9500	950000.00	
合　　计				¥950000.00	
结算方式	银行承兑汇票，期限 6 个月				

银行承兑汇票收讫

第三联 记账

销售经理：任洪宾　会计：刘虹　出纳：王红　制单：王燕　提货：李明

出 库 单

领用单位：玛纳斯县万荣农机公司　**用途：**销售　2019 **年** 9 **月** 11 **日**

品名规格	单位	数量	单价	金额	备注
精量点播机	台	100	4836.00	483600.00	
小　　计				483600.00	

银行承兑汇票收讫

第三联 记账

领料人：王燕　**库号：**3　王红　**保管：**陈燕

新疆增值税普通发票

全国统一发票监制章 新疆 国家税务总局监制

6500133140　　　　№ 00223336

开票日期：2019年9月11日

购货单位	名　　称：玛纳斯县万荣农机公司 纳税人识别号：65******0503501 地 址、电 话：玛纳斯县团结南路120号 09946***999 开户行及账号：团结路支行3004******063362563			密码区			
货物及应税劳务名称	规格型号	单位	数量	单价	金额	税率	税额
精量点播机		台	100	8636.3636	863636.36	10%	86363.64
合　　计		银行承兑汇票收讫			¥863636.36		¥86363.64
价税合计(大写)	⊗玖拾伍万元整			(小写)¥950000.00			
销货单位	名　　称：新疆TH农机制造有限公司 纳税人识别号：65******0101100 地 址、电 话：昌吉市北京南路203号 2**6688 开户行及账号：北京南路支行65**********122068012			备注	新疆TH农机制造有限公司 65******0101100 发票专用章		

收款人：王红　　复核：赵正新　　开票人：刘虹　　销货单位(章)：

第一联 记账联 销货方记账凭证

步骤5. 登记应收票据登记簿

应收票据备查簿

票据种类：银行承兑汇票　　　　第 1 页

2019年		摘要	合同号	号码	付款单位	签发日期	到期日期	金额	承兑日期及金额
月	日								
9	11	销售		02208559	万荣	2019.9.11	2020.3.11	950000.00	

步骤6. 到期时操作提示

(1) 2020年3月11日银行承兑汇票到期，12日出纳和主管会计在汇票背面进行背书。

被背书人交通银行北京南路支行	被背书人	
新疆TH农机制造有限公司 财务专用章　华辛印俊 背书人签章 2020年3月12日	背书人签章 年 月 日	贴粘单处

(2) 出纳填写托收凭证一式五联，到开户行办理收款手续。

托收凭证（受理回单） 1

委托日期：2020年3月12日

业务类型	委托收款（☐邮划、☑电划）				托收承付（☐邮划、☐电划）				
付款人	全称	玛纳斯县万荣农机公司			收款人	全称	新疆TH农机制造有限公司		
	账号	3004******063362563				账号	65**********122068012		
	地址	新疆省玛纳斯市/县	开户行	工行团结路支行		地址	新疆省昌吉市/县	开户行	交通银行北京南路支行
金额 人民币（大写）	玖拾伍万元整						亿千百十万千百十元角分		¥95000000
款项内容	货款	托收凭据名称	银行承兑汇票				附寄单证张数		2
商品发运情况	已发运	合同名称号码					201780		
备注： 复核：　记账：		款项收妥日期 年　月　日					收款人开户银行签章 年　月　日		

托收凭证（贷方凭证） 2

委托日期：2020年3月12日

业 类型	委托收款（☐邮划、☑电划）				托收承付（☐邮划、☐电划）				
付款人	全称	玛纳斯县万荣农机公司			收款人	全称	新疆TH农机制造有限公司		
	账号	3004******063362563				账号	65**********122068012		
	地址	新疆省玛纳斯市/县	开户行	工行团结路支行		地址	新疆省昌吉市/县	开户行	交通银行北京南路支行
金额 人民币（大写）	玖拾伍万元整						亿千百十万千百十元角分		¥95000000
款项内容	货款	托收凭据名称	商业承兑汇票				附寄单证张数		2
商 发运情况	已发运	合同名称号码					201980		
备注： 收款人开户银行收到日期 年　月　日		上列款项随附有关债务注明，请予办理 新疆TH农机制造有限公司 财务专用章 收款人签章 华辛印俊					复核：　记账：		

（3）出纳收到委托收款凭证第四联收账通知联，转给主管会计编制记帐凭证。

托收凭证（收账通知）　　4

委托日期：2020 年 3 月 12 日

<table>
<tr><td>业务类型</td><td colspan="4">委托收款（□邮划、☑电划）</td><td colspan="6">托收承付（□邮划、□电划）</td></tr>
<tr><td rowspan="3">付款人</td><td>全称</td><td colspan="3">玛纳斯县万荣农机公司</td><td rowspan="3">收款人</td><td>全称</td><td colspan="4">新疆 TH 农机制造有限公司</td></tr>
<tr><td>账号</td><td colspan="3">3004******063362563</td><td>账号</td><td colspan="4">65**********122068012</td></tr>
<tr><td>地址</td><td>新疆省玛纳斯市/县</td><td>开户行</td><td>工行团结路支行</td><td>地址</td><td>新疆省昌吉市/县</td><td>开户行</td><td colspan="2">交通银行北京南路支行</td></tr>
<tr><td rowspan="2">金额
人民币（大写）</td><td colspan="6" rowspan="2">玖拾伍万元整</td><td colspan="4">亿 千 百 十 万 千 百 十 元 角 分</td></tr>
<tr><td colspan="4">¥ 9 5 0 0 0 0 0 0</td></tr>
<tr><td>款项内容</td><td colspan="2">货款</td><td colspan="2">托收凭据名称</td><td colspan="2">银行承兑汇票</td><td colspan="2">附寄单证张数</td><td colspan="2">2</td></tr>
<tr><td>商品发运情况</td><td colspan="2">已发运</td><td colspan="4">合同名称号码</td><td colspan="4">201980</td></tr>
<tr><td colspan="3">备注：

复核：　　记账：</td><td colspan="4">上列款项已划回收入方账户内
交通银行
北京南路支行
★ 20200313 ★
转（2）讫
收款人开户银行签章
年　月　日</td><td colspan="4"></td></tr>
</table>

（4）财务总监审核。

（5）登记银行存款日记账。

任务 16 以银行承兑汇票购买材料

2019 年 9 月 15 日，采购员王新钢购新疆东海商贸有限公司冷板，增值税专用发票标明数量 100 000 千克，价款 400 000.00 元，增值税 52 000.00 元，材料已验收入库，双方商定采用银行承兑汇票付款。在师傅指导带领下，复核付款申请单，办理银行承兑汇票，复核增值税专用发票、入库单，盖章，传递会计账务处理，财务总监审核，登记银行存款日记账。

【任务目标与质量要求】

复核付款申请单，办理银行承兑汇票，复核增值税专用发票、入库单，登记银行存款日记账。

【学习产出目标】

把握复核付款申请单、增值税专用发票、入库单重点，正确办理银行承兑汇票，登记银行存款日记账。描述银行承兑汇票购买材料业务的工作程序。

【工作程序与方法要求】

步骤 1. 复核付款申请单

付款申请单 **0000128**

2019 年 9 月 15 日

收款单位	新疆龙海商贸有限公司		开 户 行	农行天津路支行	
付款项目	板材		账 号	06 ****** 0132	
付款方式	银行承兑汇票		应付金额	452 000.00	
付款金额（大写）	肆拾伍万贰仟元整		￥452 000.00		
申请部门	采购部	部门领导	王杰	申请人	王新钢
会计	赵正新	财务总监	张振中	总经理	辛俊华

步骤 2. 办理银行承兑汇票申请书

银行承兑汇票申请书

交通银行昌吉北京南路支行：

本公司与 新疆龙海商贸有限公司 签订了钢材购销合同。现本公司向贵行申请办理开立银行承兑汇票业务，支付该笔合同项下款项。具体业务情况如下：

一、申请金额：人民币 肆拾伍万贰仟元整 （￥： 452000.00 ）

二、申请期限： 陆 个月

三、收款人全称： 新疆龙海商贸有限公司

四、收款人账户： 06******0132

五、收款人开户行： 农行天津路支行

本公司承诺无条件兑付该笔汇票到期票款。

请贵行予以办理为盼。

申请人（公章）新疆TH农机制造有限公司　　　法定代表人（签章）华辛印

2019 年 9 月 15 日

新疆TH农机制造有限公司 65*****0101100

师傅要求：

出纳根据购销合同填制“银行承兑汇票申请书”，首先报财务总监审阅，接着报综合部审核，盖公章，最后报总经理审批签字。

步骤 3. 办理银行承兑汇票协议书

银行承兑汇票协议书

编号 2019-36

银行承兑汇票内容：

出票人全称：新疆 TH 农机制造有限公司　开户银行交行北京南路支行

出票人账号：65**********122068012

收款人全称：新疆龙海商贸有限公司　　开户银行农行天津路支行

收款人账号：06******0132

汇票号码 02208790　　汇票金额(大写) 肆拾伍万贰仟元整

出票日期 2019 年 9 月 15 日，到期日期 2020 年 3 月 15 日。

以上汇票经银行承兑，出票人及承兑银行愿遵守《支付结算办法》的规定及下列条款：

一、出票人于汇票到期日前将应付票款足额交存承兑银行，到期由银行直接划付收款人或持票人。

二、承兑手续费按票面金额万分之 五 计算，在银行承兑时一次付清。

三、出票人与持票人如发生任何交易纠纷，均由其双方自行处理，不影响本协议的履行。

四、承兑汇票到期日，承兑银行凭票无条件支付票款。汇票到期日届至出票人不能足额交付票款，银行发生垫款的，承兑银行对不足支付部分的票款，按照《支付结算办法》的规定计算罚息。

五、承兑汇票款付清后，本协议自动失效。

出票人(公章)　　　　　　　　　承兑行(公章)

法定代表人(或授权代理人) 华辛印　　法定代表人(或授权代理人) 李俊印

订立承兑协议日期　　　2019 年 9 月 15 日

新疆TH农机制造有限公司 65*****0101100　　交通银行 北京南路支行 2019.09.15 汇票专用章

师傅要求：

（1）出纳需要携带板材购货合同，财务专用章，总经理印章。

（2）注意查看承兑银行在第一、第二联银行承兑汇票上注明的承兑协议编号，在第二联银行承兑汇票上加盖的汇票专用章。

步骤4. 签发银行承兑汇票

师傅要求：

（1）根据购销合同，出纳填写出票人信息，收款人信息，出票金额，汇票到期日。

（2）将填写完毕的银行承兑汇票首先交给主管会计审核，再交给财务总监审核，在第一、第二联银行承兑汇票上加盖财务专用章，最后交总经理审批，在第一、第二联银行承兑汇票上，加盖总经理印章。

银行承兑汇票（卡片） 1 BB 01 02208790

出票日期（大写） 贰零壹玖年零玖月壹拾伍日

全　称	新疆TH农机制造有限公司	收款人	全　称	新疆龙海商贸有限公司
账　号	65**********122068012		账　号	06******0132
开户银行	北京南路支行		开户银行	农行天津路支行
出票金额 人民币（大写）	肆拾伍万贰仟元整		亿千百十万千百十元角分	￥45200000
汇票到期（大写）	贰零贰零年零叁月壹拾伍日	付款行	行号	30885
承 协议编号	2019-36		地址	昌吉市北京南路88号

本汇票请你行承兑，此项汇票款我单位按承兑协议于到期日前足额交存你行，到期请予以支付。

新疆TH农机制造有限公司 财务专用章　华辛印俊

出票人盖章

备注：

复核　记账

银行承兑汇票 2

BB 01 02208790

出票日期（大写） 贰零壹玖年零玖月壹拾伍日

出票人			收款人	
全　称	新疆 TH 农机制造有限公司	收款人	全　称	新疆龙海商贸有限公司
账　号	65**********122068012		账　号	06******0132
开户银行	北京南路支行		开户银行	农行天津路支行

出票金额 人民币（大写）	肆拾伍万贰仟元整	亿	千	百	十	万	千	百	十	元	角	分
				¥	4	5	2	0	0	0	0	0

汇票到期（大写）	贰零贰零年零叁月壹拾伍日	付款行	行号	3018 5
承兑协议编	2019-36		地址	昌吉市北京南路 88 号

本汇票请你行承兑，到期无条件付款 （印章：新疆TH农机制造有限公司 财务专用章）（印章：华辛印） 出票人签章	本汇票请你行承兑，到期日由本行付款。 承兑行签章 承兑日期 2020 年 3 月 15 日	复核　记账

银行承兑汇票（存根） 3

BB 01 02208790

出票日期（大写） 贰零壹玖年零玖月壹拾伍日

出票人			收款人	
全　称	新疆 TH 农机制造有限公司	收款人	全　称	新疆龙海商贸有限公司
账　号	65**********122068012		账　号	06******0132
开户银行	北京南路支行		开户银行	农行天津路支行

出票金额 人民币（大写）	肆拾伍万贰仟元整	亿	千	百	十	万	千	百	十	元	角	分
				¥	4	5	2	0	0	0	0	0

汇票到期（大写）	贰零贰零年零叁月壹拾伍日	付款行	行号	301885
承兑协议编号	2019-36		地址	昌吉市北京南路 88 号

	备注：	

步骤 5. 开户银行在第二联签章，取得银行承兑汇票，支付手续费

银行承兑汇票　2　BB 01 02208790

出票日期（大写）　贰零壹玖年零玖月壹拾伍日

全　称	新疆 TH 农机制造有限公司	收款人	全　称	新疆龙海商贸有限公司
账　号	65**********122068012		账　号	06******0132
开户银行	北京南路支行		开户银行	农行天津路支行

出票金额		亿	千	百	十	万	千	百	十	元	角	分
人民币（大写）	肆拾伍万贰仟元整			¥	4	5	2	0	0	0	0	0

汇票到期（大写）	贰零贰零年零叁月壹拾伍日	付款行	行号	30185
承兑协议编号	2019—36		地址	昌吉市北京南路 88 号

本汇票请你行承兑，到期无条件付款 新疆TH农机制造有限公司 财务专用章 华辛印鉴 出票人盖章	本汇票请你行承兑，到期日由本行付款。 交通银行 北京南路支行 汇票专用章 承兑行签章 承兑日期 2020 年 3 月 15 日	复核　　记账

银行承兑汇票（存根）　3　BB 01 02208790

出票日期（大写）　贰零壹玖年零玖月壹拾伍日

全　称	新疆 TH 农机制造有限公司	收款人	全　称	新疆龙海商贸有限公司
账　号	65**********122068012		账　号	06******0132
开户银行	北京南路支行		开户银行	农行天津路支行

出票金额		亿	千	百	十	万	千	百	十	元	角	分
人民币（大写）	肆拾伍万贰仟元整			¥	4	5	2	0	0	0	0	0

汇票到期（大写）	贰零贰零年零叁月壹拾伍日	付款行	行号	301885
承兑协议编号	2019-36		地址	昌吉市北京南路 88 号

	备注：	

交通银行　　　　　　凭证
2019年9月15日

付款人账号：65**********122068012

服务项目(凭证种类)	数量	凭证号码	工本费	手续费	金额小计
银行承兑汇票手续费				226.00	226.00

金额合计(大写) 贰佰贰拾陆元整

金额(小写)RMB ：226.00

地区号：　　网点号：　　操作柜员：　　授权柜员：

交通银行 北京南路支行 ★ 20190915 ★ 转(2)讫

师傅要求：

(1) 银行承兑汇票第二联由采购员交给新疆龙海商贸有限公司，办理采购结算手续。

(2) 银行承兑汇票第三联留存备查。

(3) 支付手续费凭证整理后传递给主管会计进行账务处理。

步骤 6. 登记银行承兑汇票备查登记账簿

应付票据备查簿

票据种类：银行承兑汇票　　　　　　第 1 页

2019年		摘要	合同号	号码	收款单位	签发日期	到期日期	金额	承兑日期及金额
月	日								
9	15	板材		02208790	龙海	2019.9.15	2020.3.15	452000.00	

步骤 7. 复核增值税专用发票、入库单

新疆增值税专用发票

6500122141　　发票联　　№ 00336226

开票日期：2019年9月15日

购货单位	名称：新疆TH农机制造有限公司 纳税人识别号：65******0101100 地址、电话：昌吉市北京南路203号2**6688 开户行及账号：65**********122068012	密码区					
货物及应税劳务名称	规格型号	单位	数量	单价	金额	税率	税额
板材		千克	100000	4	400000	13%	52000
合计					¥400000		¥52000
价税合计(大写)	肆拾伍万贰仟元整				(小写)¥452000.00		
销货单位	名称：新疆龙海商贸有限公司 纳税人识别号：65******9622669 地址、电话：天津路606号09918***393 开户行及账号：农行天津路支行065602200132	备注					

收款人：　　复核：　　开票人：　　销货单位(章)：

第三联 发票联 购货方记账凭证

新疆龙海商贸有限公司 650101169622669 发票专用章

新疆增值税专用发票

抵扣联

6500122141 №00336226

开票日期：2019年9月15日

购货单位	名称：新疆TH农机制造有限公司 纳税人识别号：65******0101100 地址、电话：昌吉市北京南路203号2**6688 开户行及账号：65***********122068012				密码区			
货物及应税劳务名称	规格型号	单位	数量	单价	金额	税率	税额	
板材		千克	100000	4	400000	13%	52000	
合计					¥400000.00		¥52000.00	
价税合计(大写)	肆拾伍万贰仟元整			(小写)¥452000.00				
销货单位	名称：新疆龙海商贸有限公司 纳税人识别号：65******9622669 地址、电话：天津路606号09918***393 开户行及账号：农行天津路支行065602200132				备注			

收款人： 复核： 开票人： 销货单位(章)：

第二联 抵扣联 购货方扣税凭证

新疆龙海商贸有限公司 650101169622669 发票专用章

入 库 单 **0002988**

供货单位：新疆龙海商贸有限公司 2019年9月15日

品名规格	单位	数量	单价	金额	备注
板材	千克	100000	4	400000	
小计				400000.00	

第二联 会计

供货人： **库号：**1 **保管：**樊娟娟

步骤8. 盖章、整理票据，传递给会计账务处理，财务总监审核

付款申请单 0000128

2019年9月15日

收款单位	新疆龙海商贸有限公司		**开户行**	农行天津路支行	
付款项目	板材		**账号**	06******0132	
付款方式	银行承兑汇票		**应付金额**	452000.00	
付款金额(大写)	肆拾伍万贰仟元整		银行承兑汇票付讫 ¥452000.00		
申请部门	采购部	**部门领导**	王杰	**申请人**	王新钢
会计	赵正新	**财务总监**	张振中	**总经理**	辛俊华

新疆增值税专用发票

发票联

6500122141　　　№ 00336226

开票日期：2019 年 9 月 15 日

购货单位	名　　称：新疆 TH 农机制造有限公司 纳税人识别号：65******0101100 地 址、电 话：昌吉市北京南路 203 号 2**6688 开户行及账号：65**********122068012				密码区			
货物及应税劳务名称	规格型号	单位	数量	单价	金额	税率	税额	
板材		千克	100000	4	400000	13%	52000	
合　计					¥400000		¥52000	
价税合计(大写)	肆拾伍万贰仟元整				(小写)¥452000.00			
销货单位	名　　称：新疆龙海商贸有限公司 纳税人识别号：65******9622669 地 址、电 话：天津路 606 号 09918***393 开户行及账号：农行天津路支行 06******0132				备注			

收款人：　　复核：　　开票人：　　销货单位(章)：

银行承兑汇票付讫

新疆龙海商贸有限公司 650101169622669 发票专用章

第三联 发票联 购货方记账凭证

入 库 单

0002988

供货单位：新疆龙海商贸有限公司　　2019 年 9 月 15 日

品名规格	单位	数量	单价	金额	备注
板材	千克	100000	4	400000	
		银行承兑汇票付讫			
小　计				400000.00	

供货人：　　库号：1　　保管：樊娟娟

第二联 会计

银行承兑汇票（存根）

3^{BB}_{01}02208790

出票日期（大写）　贰零壹玖年零玖月壹拾伍日

全　称	新疆 TH 农机制造有限公司	收款人	全　称	新疆龙海商贸有限公司
账　号	65**********122068012		账　号	06******0132
开户银行	北京南路支行		开户银行	农行天津路支行
出票金额 人民币（大写）	肆拾伍万贰仟元整		亿千百十万千百十元角分	¥452000000
汇票到期（大写）	贰零贰零年零叁月壹拾伍日	付款行	行号	301885
承兑协议编号	2019-36		地址	昌吉市北京南路 88 号

备注：

交通银行　　　　　　凭证

2019 年 9 月 15 日

付款人账号：65**********122068012

服务项目(凭证种类)　数量　凭证号码　工本费　手续费　金额小计

银行承兑汇票手续费　　　　　　226.00　226.00

金额合计(大写)贰佰贰拾陆元整

金额(小写)RMB ：226.00

地区号：　　网点号：　　操作柜员：　　授权柜员：

交通银行
北京南路支行
★ 20190915 ★
转(2)讫

步骤 9. 登记银行存款日记账

记 账 凭 证

2019 年 9 月 15 日　　　　第 13 号

摘要	会计科目	明细科目	√	借方余额（百十万千百十元角分）	贷方余额（百十万千百十元角分）
购买板材	原材料	板材		40000000	
购买板材	应交税费	应交增值税		5200000	
银行承兑汇票	财务费用			22600	
银行承兑汇票	应付票据	龙海公司			45200000
银行承兑汇票	银行存款		√		22600
合计	（附件 5 张）			¥45222600	¥45222600

会计主管张振中　　记账　　稽核　　填制赵正新

银行存款日记账

2019 年		凭证编号	摘　要	借　方	贷　方	余　额
9 月	日					
	1		期初余额			201800.00
	1	1	提现		5000.00	196800.00
	1	3	销售商品	14000.00		210800.00
	1	5	收到万发公司前欠货款	61000.00		271800.00
	4	6	购买材料		23400.00	248400.00
	4	8	销售商品	475000.00		723400.00
	8	9	缴纳社保		295662.48	427737.52
	8	10	支付工资		218000.00	209737.52
	8	11	8 月税款		8366.11	201371.41
	15	13	银行承兑汇票		226.00	201145.41

到期时操作提示：

（1）2020 年 3 月 15 日银行承兑汇票到期，出纳从开户银行取回托收凭证付款通知联，递呈财务总监审批，并于当日通知银行付款。

（2）整理票据，传递主管会计账务处理。

（3）登记银行存款日记账。

（4）承兑申请人（付款人）应于银行承兑汇票到期前将票款足额交存银行，以备到期支付票款。银行承兑汇票到期，付款人无款支付或不足以支付时，银行除凭票向收款人无条件支付款项外，将根据承兑协议对付款人执行扣款。对尚未收回的款项转入付款人的逾期贷款户，并按每日万分之五计收罚息。

托收凭证（付款通知）　　5

委托日期：2020 年 3 月 15 日

业务类型	委托收款（□邮划、☑电划）			托收承付（□邮划、□电划）		
付款人 全称	新疆 TH 农机制造有限公司			收款人 全称	新疆龙海商贸有限公司	
付款人 账号	65**********122068012			收款人 账号	06******0132	
付款人 地址	新疆省昌吉市/县	开户行	交通银行北京南路支行	收款人 地址	新疆省乌鲁木齐/县	开户行 农行天津路支行

金额 人民币（大写）	肆拾伍万贰仟元整	亿	千	百	十	万	千	百	十	元	角	分
				¥	4	5	2	0	0	0	0	0

款项内容	货款	托收凭据名称	银行承兑汇票	附寄单证张数	2
商发情况	已发运	合名号码		20190911	

备注：		付款人注意：
付款人开户行收款日期 年　月　日 复核：　　记账：	交通银行 ★北京南路支行★ 20200315 转（2）讫 付款人开户银行签章 2020 年 3 月 15 日	1. 应于见票当日通知开户银行划款 2. 如需拒付，应在规定期限内将拒付理由书附债务证明提交银行

任务 17　收到借款

2019 年 9 月 15 日，公司为扩大生产能力，向交通银行借款 50 万元，用于购买大型冲压设备，双方签订贷款合同，期限 5 年，年利率 8%，利息每半年支付。当日，款项已存入公司银行账户。在师傅指导带领下，取回借款借据收账通知，传递会计账务处理，财务总监审核，登记银行存款日记账。

【任务目标与质量要求】

取回借款借据收账通知，登记银行存款日记账。

【学习产出目标】

识别借款借据收账通知信息，规范登记银行存款日记账。

【工作程序与方法要求】

步骤 1. 取回借款借据收账通知，传递会计账务处理，财务总监审核

借款借据（收账通知）

2019 年 9 月 15 日　　　　借款编号：11

贷款单位名称	新疆 TH 农机制造有限公司	贷款单位账号	65**********122068012									
金　额	大写伍拾万元整	亿	千	百	十	万	千	百	十	元	角	分
				¥	5	0	0	0	0	0	0	0
贷款用途	大型冲压设备	利率	8%									
贷款期限	期限 60 个月，于 2024 年 9 月 15 日到期											
上列贷款已批准发放，转入你单位存款账户。 交通银行 北京南路支行 ★ 20190915 ★ 转（2）讫 银行盖章		单位分录： 主管　会计　复核　记账										

步骤 2. 登记银行存款日记账

记 账 凭 证

2019 年 9 月 15 日　　　　第 14 号

摘要	会计科目	明细科目	√	借方余额	贷方余额
冲压设备贷款	银行存款		√	50000000	
	长期借款	交通银行			50000000
合计	（附件 1 张）			¥50000000	¥50000000

会计主管张振中　　记账　　稽核　　填制赵正新

银行存款日记账

2019 年		凭证编号	摘　要	借　方	贷　方	余　额
9 月	日					
	1		期初余额			201800.00
	1	1	提现		5000.00	196800.00
	1	3	销售商品	14000.00		210800.00
	1	5	收到万发公司前欠货款	61000.00		271800.00
	4	6	购买材料		23400.00	248400.00
	4	8	销售商品	475000.00		723400.00
	8	9	缴纳社保		295662.48	427737.52
	8	10	支付工资		218000.00	209737.52
	8	11	8 月税款		8366.11	201371.41
	15	13	银行承兑汇票		226.00	201145.41
	15	14	冲压设备贷款	500000.00		701145.41

任务 18　销售商品收到网银付款

2019 年 9 月 18 日，博乐市华兴农机公司购买农机产品，价款 980 000.00 元，销售手续办妥，收到网银付款，金额 420 000.00 元，余款暂欠。在师傅指导带领下，复核销售结算单、出库单、增值税普通发票、赊销审批单，核对电子银行交易回单（企业付款方）复印件，整理票据，传递会计账务处理，财务总监审核，登记银行存款日记账。

【任务目标与质量要求】

复核销售结算单、出库单、增值税普通发票、赊销审批单，核对电子银行交易回单（企业付款方）复印件，登记银行存款日记账。

【学习产出目标】

核对电子银行交易回单（企业付款方）复印件信息，规范登记银行存款日记账。描述销售商品收到网银付款业务的工作程序。

【工作程序与方法要求】

步骤 1. 复核销售结算单、出库单、增值税普通发票、赊销审批单

师傅要求：

（1）赊销单位信息是否准确、全面，可以询问销售内勤，也可以核实销售合同；赊销产品名称、数量、金额与合同是否一致，与发票及付款金额能否核对相符。

（2）赊销审批单签字是否齐全。

销售结算单　　00002005

2019 年 9 月 18 日

购货单位：博乐市华兴农机公司　　税　　号：65 ****** 8701234

地址电话：博乐市团结路 98 号　　银行账号：301960 ****** 2282905

品名规格	单位	数量	单价	金额	备注
牵引 16 行播种机	台	60	14000.00	840000.00	
16 行播种机	台	20	7000.00	140000.00	
合　计				¥980000.00	
结算方式	网银付款肆拾贰万元整（420000.00），其余 560000.00 暂欠。				

第一联　存根

销售经理：任洪宾　会计：刘虹　出纳：　制单：王燕　提货：王东

销售结算单　　00002005

2019 年 9 月 18 日

购货单位：博乐市华兴农机公司　　税　　号：65 ****** 8701234

地址电话：博乐市团结路 98 号　　银行账号：301960 ****** 2282905

品名规格	单位	数量	单价	金额	备注
牵引 16 行播种机	台	60	14000.00	840000.00	
16 行播种机	台	20	7000.00	140000.00	
合　计				¥980000.00	
结算方式	网银付款肆拾贰万元整（420000.00），其余 560000.00 暂欠。				

第二联　会计

销售经理：任洪宾　会计：刘虹　出纳：　制单：王燕　提货：王东

销售结算单　　00002005

2019 年 9 月 18 日

购货单位：博乐市华兴农机公司　　税　　号：65 ****** 8701234

地址电话：博乐市团结路 98 号　　银行账号：301960 ****** 2282905

品名规格	单位	数量	单价	金额	备注
牵引 16 行播种机	台	60	14000.00	840000.00	
16 行播种机	台	20	7000.00	140000.00	
合　计				¥980000.00	
结算方式	网银付款肆拾贰万元整（420000.00），其余 560000.00 暂欠。				

第三联　记账

销售经理：任洪宾　会计：刘虹　出纳：　制单：王燕　提货：王东

出库单

领用单位：博乐市华兴农机公司　　用途：销售　　2019年9月18日

品名规格	单位	数量	单价	金额	备注
牵引16行播种机	台	60	8235.00	494100.00	
16行播种机	台	20	4168.00	83360.00	
小　计				￥577460.00	

第一联　存根

领料人：王燕　　库号：3　　保管：陈燕

出库单

领用单位：博乐市华兴农机公司　　用途：销售　　2019年9月18日

品名规格	单位	数量	单价	金额	备注
牵引16行播种机	台	60	8235.00	494100.00	
16行播种机	台	20	4168.00	83360.00	
小　计				￥577460.00	

第二联　会计

领料人：王燕　　库号：3　　保管：陈燕

出库单

领用单位：博乐市华兴农机公司　　用途：销售　　2019年9月18日

品名规格	单位	数量	单价	金额	备注
牵引16行播种机	台	60	8235.00	494100.00	
16行播种机	台	20	4168.00	83360.00	
小　计				￥577460.00	

第三联　记账

领料人：王燕　　库号：3　　保管：陈燕

新疆增值税普通发票

6500133140　　　　　　№ 00223337

开票日期：2019年9月18日

购货单位	名　　称：博乐市华兴农机公司 纳税人识别号：65******8701234 地 址、电 话：博乐市团结路98号 开户行及账号：团结路支行301960******2282905				密码区			
货物及应税劳务名称	规格型号	单位	数量	单价	金额	税率	税额	
牵引16行播种机		台	60	12727.27	763636.36	10%	76363.64	
16行播种机		台	20	6363.64	127272.73	10%	12727.27	
合　　计					¥890909.09		¥89090.91	
价税合计(大写)	⊗玖拾捌万元整			(小写)¥ 980000.00				
销货单位	名　　称：新疆TH农机制造有限公司 纳税人识别号：65******0101100 地 址、电 话：昌吉市北京南路203号2**6688 开户行及账号：北京南路支行65**********122068012				备注			

收款人：　　复核：赵正新　　开票人：刘虹　　销货单位(章)：

第一联 记账联 销货方记账凭证

新疆增值税普通发票

发 票 联

6500133140　　　　　　№ 00223337

开票日期：2019年9月18日

购货单位	名　　称：博乐市华兴农机公司 纳税人识别号：65******8701234 地 址、电 话：博乐市团结路98号 开户行及账号：团结路支行301960******2282905				密码区			
货物及应税劳务名称	规格型号	单位	数量	单价	金额	税率	税额	
牵引16行播种机		台	60	12727.27	763636.36	10%	76363.64	
16行播种机		台	20	6363.64	127272.73	10%	12727.27	
合　　计					¥890909.09		¥89090.9	
价税合计(大写)	⊗ 玖拾捌万元整			(小写)¥ 980000.00				
销货单位	名　　称：新疆TH农机制造有限公司 纳税人识别号：65******0101100 地 址、电 话：昌吉市北京南路203号2**6688 开户行及账号：北京南路支行65**********122068012				备注			

收款人：　　复核：赵正新　　开票人：刘虹　　销货单位(章)：

第二联 发票联 购货方记账凭证

赊销审批单 0000102

2019 年 9 月 18 日

购货单位：博乐市华兴农机公司　　税　号：65 ****** 8701234

地址电话：博乐市团结路 98 号　　银行账号：301960 ****** 2282905

品名规格	单位	数量	单价	金额	备注
牵引 16 行播种机	台	40	14000.00	560000.00	
合　计				¥560000.00	
赊销期限	6 个月		赊销金额	伍拾陆万元整	

第一联 存根

总经理：辛俊华　　销售经理：任洪宾　　制单：王燕　　提货：王东

赊销审批单 0000102

2019 年 9 月 18 日

购货单位：博乐市华兴农机公司　　税　号：65 ****** 8701234

地址电话：博乐市团结路 98 号　　银行账号：301960 ****** 2282905

品名规格	单位	数量	单价	金额	备注
牵引 16 行播种机	台	40	14000.00	560000.00	
合　计				¥560000.00	
赊销期限	6 个月		赊销金额	伍拾陆万元整	

第二联会计

总经理：辛俊华　　销售经理：任洪宾　　制单：王燕　　提货：王东

赊销审批单 0000102

2019 年 9 月 18 日

购货单位：博乐市华兴农机公司　　税　号：65 ****** 8701234

地址电话：博乐市团结路 98 号　　银行账号：301960 ****** 2282905

品名规格	单位	数量	单价	金额	备注
牵引 16 行播种机	台	40	14000.00	560000.00	
合　计				¥560000.00	
赊销期限	6 个月		赊销金额	伍拾陆万元整	

第三联记账

总经理：辛俊华　　销售经理：任洪宾　　制单：王燕　　提货：王东

步骤 2. 核对电子银行交易回单（企业付款方）复印件

电子银行交易回单（企业收款方）
2019 年 9 月 18 日
收款方户名：新疆 TH 农机制造有限公司
收款方账号：交通银行北京南路支行
收款方开户行：65 *********** 122068012
付款方户名：博乐市华兴农机公司
付款方账号：01960 ****** 2282905
付款方开户行：工行新疆博乐市分行新成路支行
大写金额：肆拾贰万元整
小写金额：420000.00
交易用途：货款
受理渠道：
业务流水号：2017090420578601341
集团交易标志：否
集团交易说明：　　　　王东

师傅要求：

（1）电子银行交易回单中付款单位信息、收款单位信息是否正确，其金额与应付金额是否一致。

（2）请华兴公司经办人王东签字确认。

步骤 3. 出纳签字，盖转账收讫章，整理票据，传递会计账务处理，财务总监审核

师傅要求：

（1）盖有转账收讫章的增值税普通发票，将其发票联交给客户。

（2）盖有转账收讫章及出纳签字的销售结算单、出库单，出纳分别将存根联交给销售内勤，记账联留下，会计联交给销售会计。增值税普通发票、销售结算单、出库单的记账，交主管会计，进行账务处理。

（3）以下是传递给主管会计的票据，共 5 张。

销售结算单

00002005

2019 年 9 月 18 日

购货单位：博乐市华兴农机公司　　税　　号：65******8701234

地址电话：博乐市团结路 98 号　　银行账号：301960******2282905

品名规格	单位	数量	单价	金额	备注
牵引 16 行播种机	台	60	14000.00	840000.00	
16 行播种机	台	20	7000.00	140000.00	
		转账收讫			
合　计				¥980000.00	
结算方式	网银付款肆拾贰万元整(420000.00)，其余 560000.00 暂欠。				

第二联　会计

销售经理：任洪宾　会计：刘虹　出纳：　制单：王燕　提货：王东

出 库 单

领用单位：博乐市华兴农机公司　用途：销售　2019 年 9 月 18 日

品名规格	单位	数量	单价	金额	备注
牵引 16 行播种机	台	60	8235.00	494100.00	
16 行播种机	台	20	4168.00	83360.00	
小　计				¥577460.00	

第三联　记账

领料人：王燕　库号：3　王红　保管：陈燕

赊销审批单

0000102

2019 年 9 月 18 日

购货单位：博乐市华兴农机公司　　税　　号：65 ****** 8701234

地址电话：博乐市团结路 98 号　　银行账号：301960 ****** 2282905

品名规格	单位	数量	单价	金额	备注
牵引 16 行播种机	台	40	14000.00	560000.00	
合　计				¥560000.00	
赊销期限	6 个月		赊销金额	伍拾陆万元整	

第二联会计

总经理：辛俊华　销售经理：任洪宾　制单：王燕　提货：王东

新疆增值税普通发票

全国统一发票监制章 新疆 国家税务总局监制

6500133140 № 00223337

开票日期：2019 年 9 月 18 日

购货单位	名　　称：博乐市华兴农机公司 纳税人识别号：65******8701234 地 址、电 话：博乐市团结路 98 号 开户行及账号：团结路支行 301960******2282905	密码区	

货物及应税劳务名称	规格型号	单位	数量	单价	金额	税率	税额
牵引 16 行播种机		台	60	12727.27	763636.36	10%	76363.64
16 行播种机		台	20	6363.64	127272.73	10%	12727.27
合　　计					¥890909.09		¥89090.91
价税合计(大写)	⊗玖拾捌万元整				(小写)¥　980000.00		

销货单位	名　　称：新疆 TH农机制造有限公司 纳税人识别号：65******0101100 地 址、电 话：昌吉市北京南路 203 号 2**6688 开户行及账号：北京南路支行 65**********122068012	备注	新疆TH农机制造有限公司 65******0101100 发票专用章

第一联 记账联 销货方记账凭证

收款人：　　复核：赵正新　　开票人：刘虹　　销货单位(章)：

电子银行交易回单（企业收款方）

2019 年 9 月 18 日

收款方户名：新疆 TH 农机制造有限公司

收款方账号：交通银行北京南路支行

收款方开户行：65 ********** 122068012

付款方户名：博乐市华兴农机公司

付款方账号：301960 ****** 2282905

付款方开户行：工行新疆博乐市分行新成路支行

大写金额：肆拾贰万元整

小写金额：420000.00

交易用途：货款

受理渠道：

业务流水号：2017090420578601341

集团交易标志：否

集团交易说明：　　　　　王东

王红

步骤 4. 登记银行存款日记账

记 账 凭 证

2019 年 9 月 18 日　　　　　第 15 号

摘要	会计科目	明细科目	√	借方余额（百十万千百十元角分）	贷方余额（百十万千百十元角分）
销售商品	银行存款		√	42000000	
	应收账款	华兴公司		56000000	
	主营业务收入	精量点播机			89090909
	应交税费	应交增值税			8909091
合计	（附件 5 张）			¥98000000	¥98000000

会计主管张振中　　记账　　稽核　　填制赵正新

银行存款日记账

2019 年		凭证编号	摘　要	借　方	贷　方	余　额
9 月	日					
	1		期初余额			201800.00
	1	1	提现		5000.00	196800.00
	1	3	销售商品	14000.00		210800.00
	1	5	收到万发公司前欠货款	61000.00		271800.00
	4	6	购买材料		23400.00	248400.00
	4	8	销售商品	475000.00		723400.00
	8	9	缴纳社保		295662.48	427737.52
	8	10	支付工资		218000.00	209737.52
	8	11	8 月税款		8366.11	201371.41
	15	13	银行承兑汇票		226.00	201145.41
	15	14	冲压设备贷款	500000.00		701145.41
	18	15	销售商品	420000.00		1121145.41

师傅要求：

（1）今日结束，出纳需要核对银行存款日记账和银行存款总账，若两者相符，说明银行存款没有问题。若两者不符，首先核查当日银行存款日记账结账有无问题，在没有问题的情况下，接着核查当日发生的记账凭证、原始凭证，若有问题，改正后，看看两者能否相符，若相符，可结束，若不符，可让会计核查总账，到两者相符时为止。

（2）库存现金日记账，当日没有发生，可不核对。

任务19　购买材料签发转账支票

2019年9月18日，采购员王新钢领支票购龙海公司钢材8 000千克，价款40 000.00元，增值税5 200.00元，材料已验收入库。在师傅指导带领下，复核付款申请单、增值税专用发票、入库单，签发转账支票，盖章，传递会计账务处理，财务总监审核，登记银行存款日记账。

【任务目标与质量要求】

复核付款申请单、增值税专用发票、入库单，签发转账支票，登记银行存款日记账。

【学习产出目标】

把握复核付款申请单、增值税专用发票、入库单重点，正确签发转账支票，填写空白票据，规范登记银行存款日记账。描述购买材料开出转账支票业务的工作程序。

【工作程序与方法要求】

步骤1. 复核付款申请单、增值税专用发票、入库单

付款申请单　　0000129

2019年9月18日

收款单位	新疆龙海商贸有限公司		开户行	农行天津路支行	
付款项目	板材		账号	06 *********** 0132	
付款方式	转账支票		应付金额	45200.00	
付款金额（大写）	贰万伍仟贰佰元整		￥45200.00		
申请部门	采购部	部门领导	王杰	申请人	王新钢
会计	赵正新	财务总监	张振中	总经理	

步骤2. 签发转账支票

师傅要求：

（1）复核签字及用款额度，取出空白转账支票，填写收款单位名称、出票日期、和金额、用途等，在支票登记本上登记，签字。

（2）取出总经理人名章在支票相应处签章，并告诉王新钢到主管会计处盖财务专用章，在支票头上供应商应加盖财务专用章并签字。

交通银行
转账支票存根
01457372

附加信息：

出票日期　　年　月　日

收款人：	
金　额：	
用　途：	

单位主管　　　会计

交通银行　转账支票　　01457372

出票日期(大写)　　年　月　日　　付款行名称：北京南路支行

收款人：　　　　　　　　　　　　出票人账号：0122068012

人民币(大写)	肆万伍仟贰佰元整	亿	千	百	十	万	千	百	十	元	角	分
					¥	4	5	2	0	0	0	0

用途＿＿＿＿＿　　密码＿＿＿＿＿

上列款项　　　　　行号＿＿＿＿＿

我账户

出票人签　　　　　复核　　　记账

新疆TH农机制造有限公司 财务专用章　　华辛印

附加信息：	被背书人	
	背书人签章 年　月　日	

根据《中华人民共和国票据法》等法律法规的规定，签发空头支票处以票面金额5%但不低于1 000元的罚款。

步骤3. 复核增值税专用发票、入库单、支票存根

新疆增值税专用发票

6500122141　　　发票联　　　№ 00336552

开票日期：2019年9月18日

购货单位	名　　称：新疆TH农机制造有限公司 纳税人识别号：65******0101100 地 址、电 话：昌吉市北京南路203号2**6688 开户行及账号：65**********122068012				密码区			
货物及应税劳务名称	规格型号	单位	数量	单价	金额	税率	税额	
板材		千克	8000	5	40000	13%	5200	
合　计					¥40000		¥5200	
价税合计(大写)	肆万伍仟贰佰元整				(小写)¥45200.00			
销货单位	名　　称：新疆龙海商贸有限公司 纳税人识别号：65******9622669 地 址、电 话：天津路606号09918***393 开户行及账号：农行天津路支行06******0132				备注			

收款人：　　　复核：　　　开票人：　　　销货单位(章)：

第三联 发票联 购货方记账凭证

新疆龙海商贸有限公司 65******9622669 发票专用章

新疆增值税专用发票

抵扣联

6500122141　　　　№ 00336552

开票日期：2019 年 9 月 18 日

购货单位	名　　称：新疆 TH 农机制造有限公司 纳税人识别号：65******0101100 地 址、电 话：昌吉市北京南路 203 号 2**6688 开户行及账号：65**********122068012			密码区			
货物及应税劳务名称	规格型号	单位	数量	单价	金额	税率	税额
板材		千克	8000	5	40000	13%	5200
合　计					¥40000.00		¥5200.00
价税合计(大写)	肆万伍仟贰佰元整			(小写)¥45200.00			
销货单位	名　　称：新疆龙海商贸有限公司 纳税人识别号：65******9622669 地 址、电 话：天津路 606 号 09918***393 开户行及账号：农行天津路支行 06******0132			备注			

第二联 抵扣联 购货方扣税凭证

收款人：　　复核：　　开票人：　　销货单位(章)：

新疆龙海商贸有限公司 65******9622669 发票专用章

入 库 单

0002989

供货单位：新疆龙海商贸有限公司　　2019 年 9 月 18 日

品名规格	单位	数量	单价	金额	备注
板材	千克	8000	5	40000.00	
小　计				40000.00	

第二联 会计

供货人：　　库号：1　　保管：樊娟娟

交通银行
转账支票存根
01457372

附加信息：

出票日期 2019年9月18日

收款人：	龙海公司
金　额：	¥45200.00
用　途：	货款

单位主管　　会计

新疆龙海商贸有限公司 财务专用章

步骤 4. 盖章、整理票据，传递给会计账务处理，财务总监审核

付款申请单

0000129

2019 年 9 月 18 日

收款单位	新疆龙海商贸有限公司		开户行	农行天津路支行	
付款项目	板材		账号	06******0132	
付款方式	转账支票		应付金额	45200.00	
付款金额(大写)	肆万伍仟贰佰元整		转账付讫	¥45200.00	
申请部门	采购部	部门领导	王杰	申请人	王新钢
会计	赵正新	财务总监	张振中	总经理	

新疆增值税专用发票

全国统一发票监制章 新疆 国家税务总局监制

发票联

6500122141 №00336552

开票日期：2019 年 9 月 18 日

购货单位	名称：新疆 TH 农机制造有限公司 纳税人识别号：65******0101100 地址、电话：昌吉市北京南路 203 号 2**6688 开户行及账号：65**********122068012	密码区	

货物及应税劳务名称	规格型号	单位	数量	单价	金额	税率	税额
板材		千克	8000	5	40000	13%	5200
合计					¥40000		¥5200
价税合计(大写)	肆万伍仟贰佰元整				(小写)¥45200.00		

转账付讫

销货单位	名称：新疆龙海商贸有限公司 纳税人识别号：65******9622669 地址、电话：天津路 606 号 09918***393 开户行及账号：农行天津路支行 06******0132	备注	新疆龙海商贸有限公司 65********9622669 发票专用章

收款人： 复核： 开票人： 销货单位(章)：

第三联 发票联 购货方记账凭证

入库单

0002989

供货单位：新疆龙海商贸有限公司 2019 年 9 月 18 日

品名规格	单位	数量	单价	金额	备注
板材	千克	8000	5	40000.00	
				转账付讫	
小计				40000.00	

供货人： 库号：1 保管：樊娟娟

第二联 会计

交通银行
转账支票存根
01457372

附加信息：

出票日期 2019年9月18日

收款人：龙海公司	
金　额：¥45200.00	
用　途：货款	

单位主管　　　会计

（印章：新疆龙海商贸有限公司 财务专用章）

步骤 5. 登记银行存款日记账

记 账 凭 证

2019 年 9 月 18 日　　　第 16 号

摘要	会计科目	明细科目	√	借方余额（百十万千百十元角分）	贷方余额（百十万千百十元角分）
购买板材	原材料	板材		4 0 0 0 0 0 0	
购买板材	应交税费	应交增值税		5 2 0 0 0 0	
购买板材	银行存款		√		4 5 2 0 0 0 0
合计		（附件 4 张）		¥ 4 5 2 0 0 0 0	¥ 4 5 2 0 0 0 0

会计主管张振中　　记账　　稽核　　填制赵正新

银行存款日记账

2019 年		凭证编号	摘　要	借　方	贷　方	余　额
9 月	日					
	1		期初余额			201800.00
	1	1	提现		5000.00	196800.00
	1	3	销售商品	14000.00		210800.00
	1	5	收到万发公司前欠货款	61000.00		271800.00

续表

2019 年		凭证编号	摘　要	借　方	贷　方	余　额
9 月	日					
	4	6	购买材料		23400.00	248400.00
	4	8	销售商品	475000.00		723400.00
	8	9	缴纳社保		295662.48	427737.52
	8	10	支付工资		218000.00	209737.52
	8	11	8 月税款		8366.11	201371.41
	15	13	银行承兑汇票		226.00	201145.41
	15	14	冲压设备贷款	500000.00		701145.41
	18	15	销售商品	420000.00		1121145.41
	18	16	购买板材		45200.00	1075945.41

任务 20 开出转账支票归还前欠货款

2019 年 9 月 19 日，开出转账支票一张，用于归还前欠大明公司货款 50 000.00 元，光明公司收据已开。在师傅指导带领下，复核付款申请单、收据，填写支票，用支票打印机打印支票，盖章，传递会计账务处理，财务总监审核，登记银行存款日记账。

【任务目标与质量要求】

复核付款申请单、收据，填写支票，用支票打印机打印支票，盖章，登记银行存款日记账。

【学习产出目标】

签发支票，用支票打印机打印支票，规范登记银行存款日记账。描述开出转账支票归还前欠货款业务的工作程序。

【工作程序与方法要求】

步骤 1. 复核付款申请单、收据

付款申请单 0000130

2019 年 9 月 18 日

收款单位	新疆大明商贸有限公司		开 户 行		
付款项目	材料款		账 号		
付款方式	转账支票		应付金额	50000.00 元	
付款金额（大写）	伍万元整		￥50000.00		
申请部门	采购部	部门领导	王杰	申请人	马东
会 计	赵正新	财务总监	张振中	总经理	辛俊华

师傅要求：

（1）付款申请单。首先询问马东，本次需要付多少钱，然后，查看付款申请单中所写内容与所说是否一致，这样审核速度快，又能做到相互印证，审批是否齐全，最后，查看本人签字。

（2）收款单位收据填写是否规范，是否盖章、签字。

收 据

000699

2019 年 9 月 19 日

今 收 到：新疆 TH 农机制造有限公司	
交 来：货款	
人民币(大写)：伍万元整	¥50000.00

新疆大明商贸有限公司 财务专用章

第二联 交款

单位主管　　会 计　　出 纳　　制单：杨明

步骤 2. 打印转账支票，出纳盖法人章，主管会计盖财务专用章

交通银行
转账支票存根
01457373

附加信息：

出票日期 2017 年 9 月 19 日

收款人：	大明商贸公司
金　额：	¥50000. 00
用　途：	货款

单位主管　　会计

交通银行 转账支票 01457373

出票日期(大写) 贰零壹柒年零玖月壹拾玖日付款行名称：北京南路支行

收款人：新疆大明商贸有限公司　　出票人账号：0122068012

人民币(大写)	亿	千	百	十	万	千	百	十	元	角	分
伍万元整				¥	5	0	0	0	0	0	0

用途 货款　　密码

上列款项　　行号

我账户

出票人签　　复核　　记账

新疆TH农机制造有限公司 财务专用章

华辛 印俊

步骤 3. 整理票据，传递给会计账务处理，财务总监审核

付款申请单

0000130

2019 年 9 月 19 日

收款单位	新疆大明商贸有限公司		开 户 行		
付款项目	材料款		账　号		
付款方式	转账支票		应付金额	50000. 00 元	
付款金额(大写)	伍万元整	转账付讫		¥50000. 00	
申请部门	采购部	部门领导	王杰	申请人	马东
会　计	赵正新	财务总监	张振中	总经理	辛俊华

收　据　　　　000699

2019 年 9 月 19 日

今 收 到：新疆 TH 农机制造有限公司	
交　来：货款	转账付讫
人民币(大写)：伍万元整	¥50000.00

新疆大明商贸有限公司 财务专用章

第二联　交款

单位主管　　会 计　　出 纳　　制单：杨明

交通银行
转账支票存根
01457373

附加信息：

出票日期 2019 年 9 月 19 日

收款人：	大明商贸有限公司
金　额：	¥50000.00
用　途：	货款

单位主管　　会计

新疆大明商贸有限公司 财务专用章

步骤 4. 登记银行存款日记账

记 账 凭 证

2019 年 9 月 19 日　　　　第 17 号

摘要	会计科目	明细科目	√	借方余额 百	十	万	千	百	十	元	角	分	贷方余额 百	十	万	千	百	十	元	角	分
支付欠款	应付账款	大明公司				5	0	0	0	0	0	0									
支付欠款	银行存款														5	0	0	0	0	0	0
合计		（附件 3 张）			¥	5	0	0	0	0	0	0		¥	5	0	0	0	0	0	0

会计主管 张振中　　记账　　稽核　　填制 赵正新

任务 21　报销差旅费

2019 年 9 月 19 日，报销孔庆伟本月所借差旅费 2 675.00 元。在师傅指导带领下，复核差旅费报销单、收据，收现，盖章，填写现金缴款单，传递会计账务处理，财务总监审核，登记银行存款日记账。

【任务目标与质量要求】

复核差旅费报销单、收据，核算收现金额，盖章，填写现金缴款单，登记银行存款日记账。

【学习产出目标】

核算收现金额，填制现金缴款单，规范登记银行存款日记账。描述报销差旅费业务的工作程序。

【工作程序与方法要求】

步骤 1. 复核差旅费报销单、收据

师傅要求：

(1) 差旅费报销单。报销人要如实填写，其中差旅补助、交通费、住宿费、会务费、小计、合计这些数据不填写，由主管会计填写。出纳复核时，查看会计、财务总监的签字，几项金额的计算是否正确，所附原始凭证是否齐全。

(2) 收据填写是否齐全，是否盖章、签字。

差旅费报销单

报销部门：综合部　　　　　　2019 年 9 月 19 日

姓名		孔庆伟	职务		部长		出差事由		参加会议	
出差起止日期自　　年　月　日起至　　年　月　日共　天　　附单据　张										
日期		起讫地点	差旅补助			交通费	住宿费	会务费	其他	小计
月	日		天数	标准	金额					
3	12	昌吉—西安	5	50	250	1525.00	900.00			

续表

日期		起讫地点	差旅补助			交通费	住宿费	会务费	其他	小计
月	日		天数	标准	金额					
		合　计								2675.00
合计人民币（大写）贰仟陆佰柒拾伍元整										
预领金额：			交回金额　　元　　应补付金额____元							

单位负责人：　　　　会计主管：赵正新　张振中　部门主管：　　　　报销人：孔庆伟

收　　据　　0000433

2019 年 9 月 19 日

交款人	孔庆伟	付款方式	现金
交款事由	交回差旅费多借现金		
金额(大写)	叁佰贰拾伍元整		

十	万	千	百	十	元	角	分
		¥	3	2	5	0	0

第一联　存根

主管：　　　　会计：　　　　出纳：　　　　制单：刘虹　　　　交款人：孔庆伟

收　　据　　0000433

2019 年 9 月 19 日

交款人	孔庆伟	付款方式	现金
交款事由	交回差旅费多借现金		
金额(大写)	叁佰贰拾伍元整		

十	万	千	百	十	元	角	分
		¥	3	2	5	0	0

第二联　交款

主管：　　　　会计：　　　　出纳：　　　　制单：刘虹　　　　交款人：孔庆伟

收　据　　0000433

2019 年 9 月 19 日

交款人	孔庆伟	付款方式	现金								
交款事由	交回差旅费多借现金										
金额(大写)	叁佰贰拾伍元整		十	万	千	百	十	元	角	分	
					¥	3	2	5	0	0	

第三联 财务

新疆TH农机制造有限公司 财务专用章

主管：　　会计：　　出纳：　　制单：刘虹　　交款人：孔庆伟

步骤 2：收取多余现金

师傅要求：

加盖现金收讫章。现金请点无误后，加盖现金收讫章并签字，将收据撕下，交款联给孔庆伟，财务联留下，存根联还给主管会计。

收　据　　0000433

2019 年 9 月 19 日

交款人	孔庆伟	付款方式	现金								
交款事由	交回差旅费多借现金		现金收讫								
金额(大写)	叁佰贰拾伍元整		十	万	千	百	十	元	角	分	
					¥	3	2	5	0	0	

第一联 存根

新疆TH农机制造有限公司 财务专用章

主管：　　会计：　　出纳：王红　　制单：刘虹　　交款人：孔庆伟

收　据　　0000433

2019 年 9 月 19 日

交款人	孔庆伟	付款方式	现金								
交款事由	交回差旅费多借现金		现金收讫								
金额(大写)	叁佰贰拾伍元整		十	万	千	百	十	元	角	分	
					¥	3	2	5	0	0	

第二联 交款

新疆TH农机制造有限公司 财务专用章

主管：　　会计：　　出纳：王红　　制单：刘虹　　交款人：孔庆伟

收 据 0000433

2019年9月19日

<table>
<tr><td>交款人</td><td>孔庆伟</td><td>付款方式</td><td colspan="8">现金</td></tr>
<tr><td>交款事由</td><td>交回差旅费多借现金</td><td></td><td colspan="8">现金收讫</td></tr>
<tr><td rowspan="2">金额(大写)</td><td rowspan="2">叁佰贰拾伍元整</td><td rowspan="2"></td><td>十</td><td>万</td><td>千</td><td>百</td><td>十</td><td>元</td><td>角</td><td>分</td></tr>
<tr><td></td><td></td><td>¥</td><td>3</td><td>2</td><td>5</td><td>0</td><td>0</td></tr>
</table>

第三联 财务

新疆TH农机制造有限公司 财务专用章

主管： 会计： 出纳：王红 制单：刘虹 交款人：孔庆伟

步骤3. 填写现金缴款单

师傅要求：

（1）户名应写全称，不能简写，其他如实填写。

（2）现金缴款单是单位到银行账户（本单位或其他单位的银行账户）存现金时，需要填写的凭证，一般第一联加盖相关印章作为银行的记账凭证，第二联银行加盖相关印章后退给单位作为回单，装订入传票。相关印章是指：现金收讫章或办讫章。现金缴款单适用于企业客户，具有法律效力，一联作为回单一联作为记账凭证装订入传票，加盖现金收讫章或办讫章。

（3）现金缴款单应视具体情况进行填写，可以合并，特别项目可以分开，但应注意库存现金限额的要求。

交通银行现金缴款单

<table>
<tr><td rowspan="6">客户填写部分</td><td>收款人户名</td><td colspan="5">新疆TH农机制造有限公司</td><td colspan="2">日期</td><td colspan="3">2019年9月19日</td></tr>
<tr><td>收款人账号</td><td colspan="5">6 ********** 5122068012</td><td colspan="2">收款人开户行</td><td colspan="3">北京南路支行</td></tr>
<tr><td>缴款人</td><td colspan="5">王红</td><td colspan="2">款项来源</td><td colspan="3">报差旅费交回现金</td></tr>
<tr><td>金 额</td><td colspan="7">大写叁佰贰拾伍元整</td><td colspan="3">亿 千 百 十 万 千 百 十 元 角 分
¥ 3 2 5 0 0</td></tr>
<tr><td>券别</td><td>100元</td><td>50元</td><td>20元</td><td>10元</td><td>5元</td><td>2元</td><td>1元</td><td></td><td></td><td>辅币（金额）</td></tr>
<tr><td>张数</td><td>3</td><td></td><td></td><td>2</td><td>1</td><td></td><td></td><td></td><td></td><td></td></tr>
</table>

交通银行现金缴款单

客户填写部分	收款人户名	新疆 TH 农机制造有限公司	日期	2019 年 9 月 19 日
	收款人账号	6 ********** 5122068012	收款人开户行	北京南路支行
	缴款人	王红	款项来源	报差旅费交回现金
	金　额	大写叁佰贰拾伍元整	亿千百十万千百十元角分	¥32500

券别	100 元	50 元	20 元	10 元	5 元	2 元	1 元		辅币（金额）
张数	3			2	1				

第二联　客户留存

步骤 4. 整理票据，传递给会计进行账务处理，财务总监审核

师傅要求：

（1）差旅费报销单、收据、现金缴款单，传递给会计进行账务处理，财务总监审核。

（2）以下是传递给主管会计的票据，共 3 张。

收　据　　0000433

2019 年 9 月 19 日

交款人	孔庆伟	付款方式	现金
交款事由	交回差旅费多借现金		现金收讫
金额(大写)	叁佰贰拾伍元整	十万千百十元角分	¥32500

新疆TH农机制造有限公司　财务专用章

第三联　财务

主管：　　会计：　　出纳：王红　　制单：刘虹　　交款人：孔庆伟

差旅费报销单

报销部门：综合部　　2019 年 9 月 19 日

姓名	孔庆伟		职务	部长		出差事由	参加会议			
出差起止日期自　年　月　日起至　年　月　日共　天							附单据　张			
日期		起讫地点	差旅补助			交通费	住宿费	会务费	其他	小计
月	日		天数	标准	金额					
3	12	昌吉—西安	5	50	250	1525.00	900.00			

续表

日期		起讫地点	差旅补助			交通费	住宿费	会务费	其他	小计
月	日		天数	标准	金额					
		合计								2675.00
合计人民币（大写）贰仟陆佰柒拾伍元整										
预领金额：				交回金额　　元　　应补付金额 — 元						

单位负责人：　　　　　会计主管：赵正新　张振中　部门主管：　　　报销人：孔庆伟

交通银行现金缴款单

客户填写部分									第二联 客户留存
收款人户名	新疆 TH 农机制造有限公司				日　期		2019 年 9 月 19 日		
收款人账号	65**********122068012				收款人开户行		北京南路支行		
缴　款　人	王红				款项来源		报差费交回现金		
金　　额	大写叁佰贰拾伍元整				亿千百十万千百十元角分		¥32500		
券别	100 元	50 元	20 元	10 元	5 元	2 元	1 元	辅币(金额)	
张数	3			2	1				

交通银行 北京南路支行 20190919 办（2）讫

步骤 5. 登记银行存款日记账

记　账　凭　证

2019 年 9 月 19 日　　　　第 18 号

摘要	会计科目	明细科目	√	借方余额（百十万千百十元角分）	贷方余额（百十万千百十元角分）
孔庆伟报销	管理费用	差旅费		267500	
孔庆伟报销	银行存款			32500	
孔庆伟报销	其他应收款	孔庆伟			300000
合计		（附件 3 张）		¥300000	¥300000

会计主管张振中　　记账　　稽核　　填制赵正新

任务 22　支付电费

2019 年 9 月 20 日，以转账支票支付电费 100 000.00 元，付款手续办妥。在师傅指导带领下，复核付款申请单、签发转账支票，复核增值税专用发票、转账支票存根，整理票据，传递会计账务处理，财务总监审核，登记银行存款日记账。

【任务目标与质量要求】

复核付款申请单，签发转账支票，复核增值税专用发票、转账支票存根，登记银行存款日记账。

【学习产出目标】

签发转账支票，规范登记银行存款日记账，描述支付电费业务的工作程序。

【工作程序与方法要求】

步骤 1. 复核付款申请单、收据

师傅要求：

出纳收到审批的付款申请单，复核各项签字及用款额度，取出空白转账支票，在小写金额处将百万位格封住，并填写收款单位，在支票登记本上登记，签字，取出总经理人名章在支票相应处签章，并告诉经办人到主管会计处盖财务专用章，支票头上供电公司应加盖财务专用章，并由经办人签字。

付款申请单　　**0000131**

2019 年 9 月 20 日

收款单位	国网新疆公司昌宏供电公司	开 户 行	工行昌吉文化西路支行
付款项目	电费	账　　号	3004 ******* 012244556
付款方式	转账支票	应付金额	100000.00
付款金额（大写）	壹拾万元整	￥100000.00	

续表

申请部门	生产部	部门领导	郭涛	申请人	许根茂
会计	赵正新	财务总监	张振中	总经理	辛俊华

交通银行
转账支票存根
01457374
附加信息：

出票日期 年 月 日

收款人：	
金 额：	
用 途：	

单位主管 会计

交通银行 转账支票 01457374

出票日期(大写) 年 月 日 付款行名称：北京南路支行

收款人：国网新疆电力公司昌宏供电公司 出票人账号：0122068012

人民币(大写)		亿	千	百	十	万	千	百	十	元	角	分
				¥								

用途 密码

上列款项请从 行号

我账户内支付

新疆江农机制造有限公司 财务专用章

辛俊华印

出票人签章 复核 记账

附加信息：	被背书人	
	背书人签章 年 月 日	

根据《中华人民共和国票据法》等法律法规的规定，签发空头支票处以票面金额5%但不低于1 000元的罚款。

步骤 2. 复核增值税专用发票、转账支票存根

师傅要求：

①销货单位、购货单位信息是否齐全。

②票中的数量、单价、金额、税额是否正确，其计算方法为：金额＝含税金额÷(1＋税率),税额＝含税金额÷(1＋税率)×税率。

③开票人是否签字，收款人是否签字，发票专用章是否加盖，加盖位置在销货单位（章）处区域，下边和右边不可超出发票边缘。

④联次是否齐全，日期是否正确。

⑤支票存根联是否有盖章、签字。

新疆增值税专用发票

6500133140　　发票联　　№ 00992233

开票日期：2019 年 9 月 20 日

购货单位	名　　称：新疆 TH 农机制造有限公司 纳税人识别号：65******0101100 地 址、电 话：昌吉市北京路 203 号 2**6688 开户行及账号：65**********122068012	密码区	

货物及应税劳务名称	规格型号	单位	数量	单价	金额	税率	税额
电费		kW·h	107920	0.82	88495.58	13%	11504.42
合　计					¥88495.58		¥ 11504.42
价税合计(大写)	壹拾万元整				(小写)¥100000.00		

销货单位	名　　称：国网新疆公司昌宏供电公司 纳税人识别号：65******9299999 地 址、电 话：昌吉市文化西路 10 号 2***050 开户行及账号：工行昌吉文化西路支行 3004******012244556	备注	

收款人：丁宏　　复核：　　开票人：王艳　　销货单位(章)：

第三联　发票联　购货方记账凭证

新疆增值税专用发票

6500133140　　抵扣联　　№ 00992233

开票日期：2019 年 9 月 20 日

购货单位	名　　称：新疆 TH 农机制造有限公司 纳税人识别号：65******0101100 地 址、电 话：昌吉市北京路 203 号 2**6688 开户行及账号：65**********122068012	密码区	

货物及应税劳务名称	规格型号	单位	数量	单价	金额	税率	税额
电费		kW·h	107920	0.82	88495.58	13%	11504.42
合　计					¥88495.58		¥11504.42
价税合计(大写)	壹拾万元整				(小写)¥ 100000.00		

销货单位	名　　称：国网新疆公司昌宏供电公司 纳税人识别号：65******9299999 地 址、电 话：昌昌吉市文化西路 10 号 2***050 开户行及账号：工行昌吉文化西路支行 3004******012244556	备注	

收款人：丁宏　　复核：　　开票人：王艳　　销货单位(章)：

第二联　抵扣联　购货方扣税凭证

交通银行
转账支票存根
01457374
附加信息：

出票日期：2019年9月20日

收款人：昌宏供电公司	
金　额：¥100000.00	
用　途：工业用电	

单位主管　丁宏　会计

国网新疆公司昌宏供电公司
财务专用章

步骤3. 整理票据，传递给会计进行账务处理，财务总监审核

师傅要求：

(1) 付款申请单、增值税专用发票、转账支票存根，传递给会计进行账务处理，财务总监审核。

(2) 以下是传递给主管会计的票据，共3张。

付款申请单　　0000131

2019年9月20日

收款单位	国网新疆公司昌宏供电公司		开户行	工行昌吉文化西路支行	
付款项目	电费		账　号	3004 ****** 012244556	
付款方式	转账支票		应付金额	100000.00	
付款金额（大写）	壹拾万元整　　¥100000.00				
申请部门	生产部	部门领导	郭涛	申请人	许根茂
会　计	赵正新	财务总监	张振中	总经理	辛俊华

新疆增值税专用发票

发票联

6500133140　　　　№ 00992233

开票日期：2019 年 9 月 20 日

购货单位	名　　　称：新疆 TH 农机制造有限公司 纳税人识别号：65******0101100 地 址、电 话：昌吉市北京路 203 号 2**6688 开户行及账号：65**********122068012	密码区	

货物及应税劳务名称	规格型号	单位	数量	单价	金额	税率	税额
电费		kW·h	107920	0.82	88495.58	13%	11504.42
合　　计					¥88495.58		¥ 11504.42
价税合计(大写)	壹拾万元整				(小写)¥100000.00		

销货单位	名　　　称：国网新疆公司昌宏供电公司 纳税人识别号：65******9299999 地 址、电 话：昌吉市文化西路 10 号 2***050 开户行及账号：工行昌吉文化西路支行 3004******012244556	备注	国网新疆电力公司昌宏供电公司 65******9299999 发票专用章

收款人：丁宏　　复核：　　开票人：王艳　　销货单位(章)：

第三联　发票联　购货方记账凭证

交通银行

转账支票存根

01457374

附加信息：

出票日期：2019 年 9 月 20 日

收款人：	昌宏供电公司
金　额：	¥100000.00
用　途：	工业用电

单位主管　　丁宏　　会计

国网新疆公司昌宏供电公司
财务专用章

步骤 4. 登记银行存款日记账

记 账 凭 证

2019 年 9 月 20 日　　　　第 19 号

摘要	会计科目	明细科目	√	借方余额									贷方余额								
				百	十	万	千	百	十	元	角	分	百	十	万	千	百	十	元	角	分
支付 8 月电费	成本类	昌宏供电				8	8	4	9	5	5	8									
支付 8 月电费	应交税费	应交增值税				1	1	5	0	4	4	2									
支付 8 月电费	银行存款													1	0	0	0	0	0	0	0
合计		（附件 3 张）		¥	1	0	0	0	0	0	0	0	¥	1	0	0	0	0	0	0	0

会计主管张振中　　记账　　稽核　　填制赵正新

任务23 偿还贷款

2019 年 9 月 20 日，偿还到期的短期贷款，付款手续办妥。在师傅指导带领下，复核付款申请单、偿还贷款凭证，整理票据，传递会计账务处理，财务总监审核，登记银行存款日记账。

【任务目标与质量要求】

复核偿还贷款凭证，登记银行存款日记账。

【学习产出目标】

把握复核偿还贷款凭证重点，规范登记银行存款日记账，描述偿还贷款业务的工作程序。

【工作程序与方法要求】

步骤 1. 复核付款申请单

师傅要求：
收到审批的付款申请单，复核各项签字，无误后到银行办理。

付款申请单　　0000132

2019 年 9 月 20 日

收款单位	昌吉交通银行北京南路支行		开 户 行		
付款项目	短期贷款		账　　号		
付款方式	划转		应付金额	102500.00	
付款金额（大写）	壹拾万零贰仟伍佰元整		¥102500.00		
申请部门	财务部	部门领导	张振中	申请人	赵正新
会　　计	赵正新	财务总监	张振中	总经理	辛俊华

步骤 2. 整理票据，传递给主管会计账务处理，财务总监审核

付款申请单

0000132

2019 年 9 月 20 日

收款单位	昌吉交通银行北京南路支行		开户行		
付款项目	短期货款		账号		
付款方式	划转		应付金额	102500.00	
付款金额（大写）	壹拾万零贰仟伍佰元整			￥102500.00	
申请部门	财务部	部门领导	张振中	申请人	赵正新
会计	赵正新	财务总监	张振中	总经理	辛俊华

偿还贷款凭证（第一联）

2019 年 9 月 20 日

贷款单位名称	新疆 TH 农机制造有限公司	贷款单位账号	65**********122068012										
还款金额（大写）	人民币壹拾万元整	亿	千	百	十	万	千	百	十	元	角	分	
				￥	1	0	0	0	0	0	0	0	
利息（大写）	人民币贰仟伍佰元	亿	千	百	十	万	千	百	十	元	角	分	
						￥	2	5	0	0	0	0	
借出日期	2019 年 3 月 20 日	约定还款日期	2019 年 9 月 20 日										
贷款种类	短期贷款，一次还本付息												
上列款项已由本单位账户内偿还到期贷款。 借款单位签章		单位分录： 主管 会计 复核 记账											

交通银行
北京南路支行
★ 20190920 ★
转（2）讫

步骤 3. 登记银行存款日记账

记 账 凭 证

2019 年 9 月 20 日　　　　第 20 号

摘要	会计科目	明细科目	√	借方余额 百	十	万	千	百	十	元	角	分	贷方余额 百	十	万	千	百	十	元	角	分
还 3 月贷款	短期借款	交通银行			1	0	0	0	0	0	0	0									
利息	应付利息						2	5	0	0	0	0									
还 3 月贷款、利息	银行存款													1	0	2	5	0	0	0	0
合计	（附件 2 张）			￥	1	0	2	5	0	0	0	0	￥	1	0	2	5	0	0	0	0

会计主管张振中　　记账　　稽核　　填制赵正新

银行存款日记账

2019年		凭证编号	摘 要	借 方	贷 方	余 额
9月	日					
	1		期初余额			201800.00
	1	1	提现		5000.00	196800.00
	1	3	销售商品	14000.00		210800.00
	1	5	收到万发公司前欠货款	61000.00		271800.00
	4	6	购买材料		23400.00	248400.00
	4	8	销售商品	475000.00		723400.00
	8	9	缴纳社保		295662.48	427737.52
	8	10	支付工资		218000.00	209737.52
	8	11	8月税款		8366.11	201371.41
	15	13	银行承兑汇票		226.00	201145.41
	15	14	冲压设备贷款	500000.00		701145.41
	18	15√	销售商品	420000.00		1121145.41
	18	16√	购买板材		45200.00	1075945.41
	19	17√	支付欠款		50000.00	1025945.41
	19	18√	孔庆伟报销	325.00		1026270.41
	20	19√	支付8月电费		100000.00	926270.41
	20	20√	还3月贷款、利息		102500.00	823770.41
	25	21√	灾区捐赠		10000.00	813770.41

任务24　灾 区 捐 款

2019年9月25日，以转账支票支付灾区捐款10 000.00，手续办妥。在师傅指导带领下，复核付款申请单，签发转账支票，复核发票、转账支票存根，整理票据，传递会计账务处理，财务总监审核，登记银行存款日记账。

【任务目标与质量要求】

复核付款申请单，签发转账支票，复核发票、转账支票存根，登记银行存款日记账。

【学习产出目标】

准确签发转账支票，规范登记银行存款日记账。描述捐款业务的工作程序。

【工作程序与方法要求】

步骤1. 复核付款申请单

师傅要求：

收到审批的付款申请单，复核各项签字，无误后签发转账支票。

付款申请单　　0000133

2019年9月25日

收款单位	CJ市红十字协会		开户行	农行建支	
付款项目	抗震救灾捐款		账号	06 ****** 06388	
付款方式	转账		应付金额	10000.00	
付款金额（大写）	壹万元整		¥10000.00		
申请部门	财务部	部门领导	孔庆伟	申请人	孙杰
会计	赵正新	财务总监	张振中	总经理	辛俊华

步骤2. 签发转账支票

师傅要求：

1. 打印转账支票。

2. 取出总经理人名章在支票相应处签章，并告诉孙杰到主管会计处盖财务专用章，支票头上盖财务专用章并签字。

交通银行
转账支票存根
01457375
附加信息：

出票日期　　年　月　日

收款人：	
金　额：	
用　途：	

单位主管　　　会计

交通银行　**转账支票**　01457375

出票日期(大写)贰零壹玖年零玖月贰拾伍日　付款行名称：北京南路支行

收款人：CJ 市红十字协会　出票人账号：0122068012

人民币(大写)	亿	千	百	十	万	千	百	十	元	角	分

用途 灾区捐款　密码

上列款项请　行号

我账户内支付

出票人签章　财务专用章　华辛印　复核　记账

附加信息：	被背书人	
	背书人签章 年　月　日	

根据《中华人民共和国票据法》等法律法规的规定，签发空头支票处以票面金额 5% 但不低于 1 000 元的罚款。

步骤 3. 复核发票、转账支票存根

师傅要求：

①单位名称是否正确。

②票中内容填写是否齐全。

③开票人是否签字，收款人是否签字，发票专用章是否加盖。

④支票存根联是否有盖章、签字。

行政事业单位收费发票

发票联

单位或个人名称：新疆 TH农机制造有限公司 2019 年 9 月 25 日 发票号码 00028810

项 目	单 位	数 量	收费标准	金 额	备注
捐款				10000.00	抗震救灾捐款
合计	壹万元整			¥10000.00	

收款单位（章）： 开票人：王兰 收款人：李凡

CJ市红十字协会 65******0000000 发票专用章

交通银行
转账支票存根
01457375

附加信息：

出票日期：2019 年 09 月 25 日

收款人：	CJ市红十字协会
金 额：	¥10000.00
用 途：	灾区捐款

单位主管 会计 李凡

CJ市红十字协会 财务专用章

步骤 4. 整理票据，传递给会计进行账务处理，财务总监审核

师傅要求：

（1）付款申请单、发票、转账支票存根，传递给会计进行账务处理，财务总监审核。

（2）以下是传递给主管会计的票据，共 3 张。

付款申请单

0000133

2019 年 9 月 25 日

收款单位	CJ 市红十字协会		开 户 行	农行建支	
付款项目	抗震捐款		账　　号	06 ****** 06388	
付款方式	转账		应付金额	10000.00	
付款金额（大写）	壹万元整		￥10,000.00		
申请部门	综合部	部门领导	孔庆伟	申请人	孙杰
会计	赵正新	财务总监	张振中	总经理	辛俊华

行政事业单位收费发票

发 票 联

单位或个人名称：新疆 TH农机制造有限公司 2019 年 9 月 25 日 发票号码 00028810

项　目	单　位	数　量	收费标准	金　额	备注
捐款				10 000.00	抗震救灾捐款
合计	壹万元整			¥10 000.00	

收款单位（章）：　　开票人：王兰　　收款人：李凡

CJ市红十字协会 65******0000000 发票专用章

交通银行
转账支票存根
01457375

附加信息：

出票日期：　年　月　日

收款人：	
金　额：	
用　途：	

单位主管　　会计　李凡

CJ市红十字协会 财务专用章

步骤 5. 登记银行存款日记账，从 19 日起至 25 日登记完整

记 账 凭 证

2019 年 9 月 25 日　　　　第 21 号

摘要	会计科目	明细科目	√	借方余额									贷方余额								
				百	十	万	千	百	十	元	角	分	百	十	万	千	百	十	元	角	分
灾区捐赠	营业外支出	捐赠				1	0	0	0	0	0	0									
灾区捐赠	银行存款		√												1	0	0	0	0	0	0
合计		（附件 3 张）			¥	1	0	0	0	0	0	0		¥	1	0	0	0	0	0	0

会计主管张振中　　　记账　　　稽核　　　填制赵正新

任务 25　编制银行存款余额调节表

2019 年 9 月 26 日，根据当月银行存款日记账、银行对账单，编制银行存款余额调节表。在师傅指导带领下，逐笔核对银行存款日记账，银行存款对账单，找出未达账项，编制银行存款余额调节表，交主管会计审核。

【任务目标与质量要求】

找出未达账项，编制银行存款余额调节表。

【学习产出目标】

找出未达账项并分类，编制银行存款余额调节表。

【工作程序与方法要求】

步骤 1. 逐笔核对银行存款日记账，银行存款对账单

师傅要求：

（1）将银行存款日记账和银行存款对账单逐笔核对，核对相符的业务在银行存款日记账和银行存款对账单的借方或贷方发生额处打“√”，核对不相符的空着。

（2）查找未达账项，一般有四种情况，一是银行已经收款入账，企业未收款入账；二是企业已经收款入账，银行未收款入账；三是企业已经付款入账，银行未付款入账；四是银行已经付款入账，企业未付款入账。

（3）编制银行存款余额调节表。

银行存款对账单

昌吉交通银行北京南路支行分户账

账号：65 *********** 122068012

户名：新疆 TH 农机制造有限公司　　币种：人民币　　科目号　　单位：元　　第　页

日期	摘要	凭证编号	借方发生额	贷方发生额	借或贷	余额
	上页余额		0.00	0.00		201800.00
20170901	转账支出		5000.00√			196800.00

续表

日期	摘要	凭证编号	借方发生额	贷方发生额	借或贷	余额
20170901	柜台存现			14000.00√		210800.00
20170901	转账收入			61000.00√		271800.00
20170904	网银支出		23400.00√			248400.00
20170904	网银支出			475000.00√		723400.00
20170908	转账支出		295662.48√			427737.52
20170908	转账支出		218000.00√			209737.52
20170908	转账支出		8366.11√			201371.41
20170915	转账支出		226.00√			201145.41
20170915	贷款转入			500000.00√		701145.41
20170918	网银收入			420000.00√		1121145.41
20170918	转账支出		45200.00√			1075945.41
20170919	转账支出		50000.00√			1025945.41
20170919	柜台存现			325.00√		1026270.41
20170920	转账支出		100000.00√			926270.41
20170920	转账支出		102500.00√			823770.41
	本页合计		848354.59	1470325.00		823770.41

银行存款日记账

2019 年		凭证编号	摘　要	借　方	贷　方	余　额
9 月	日					
	1		期初余额			201800.00
	1	1	提现		5000.00√	196800.00
	1	3	销售商品	14000.00√		210800.00
	1	5	收到万发公司前欠货款	61000.00√		271800.00
	4	6	购买材料		23400.00√	248400.00
	4	8	销售商品	475000.00	√	723400.00
	8	9	缴纳社保	√	295662.48	427737.52
	8	10	支付工资	√	218000.00	209737.52
	8	11	8 月税款		8366.11√	201371.41
	15	13	银行承兑汇票		226.00√	201145.41
	15	14	冲压设备贷款	500000.00	√	701145.41
	18	15	销售商品	420000.00	√	1121145.41
	18	16	购买板材		45200.00√	1075945.41
	19	17	支付欠款		50000.00√	1025945.41
	19	18	孔庆伟报销	325.00√		1026270.41
	20	19	支付 8 月电费		100000.00√	926270.41
	20	20	还 3 月贷款、利息		102500.00√	823770.41
	25	21	灾区捐赠		10000.00	813770.41
				1470325.00	858354.59	813770.41

步骤 2. 找出未达账项

银行存款日记账上只有一笔灾区捐赠没有对上，属于企业已经付款入账，银行未付款入账。

步骤 3. 编制银行存款余额调节表

银行存款余额调节表

2019 年 9 月 26 日

项　　目	余额	项　　目	余额
企业银行存款日记账余额 加：银行已记收， 　　企业尚未记收 减：银行已记付， 　　企业尚未记付	813770.41	银行对账单余额 加：企业已记收， 　　银行尚未记收 减：企业已记付， 　　银行尚未记付	823770.41 10000.00
调节后的存款余额	813770.41	调节后的存款余额	813770.41

任务 26 编制出纳月度报表

2019 年 9 月 26 日，根据当月银行存款日记账、库存现金日记账、银行对账单、应收票据备查簿，编制出纳月度报表。在师傅指导带领下，编制出纳月度报表，并签章，主管会计复核并签章，报送财务总监审核，并签章。

【任务目标与质量要求】

编制出纳月度报表。

【学习产出目标】

编制出纳月度报表。

【工作程序与方法要求】

步骤 1. 编制出纳月度报表，并签章

师傅要求：①出纳月度报表中的项目数据，应当与出纳日记账等有关明细账和备查账簿内容相符，保证出纳信息的真实、完整、准确。②库存现金与银行存款之间划转的款项不影响企业资金的增加与减少，故月度报表收入与支出项目不予反映。③“本月收入”按日记账账面本月借方相同项目合计数字填列。④“本月支出”按日记账账面本月贷方相同项目合计数字填列。⑤“本月累计数”依据上月报表本月份累计数加上本月数填列。⑥“库存现金、银行存款月初余额”为日记账的月初余额。⑦“库存现金、银行存款月末余额”为日记账的月末余额。⑧月末账面结存资金合计 =（库存现金月初余额 + 银行存款月初余额）+ 本月收入合计 − 本月支出合计 = 库存现金月末余额 + 银行存款月末余额。

步骤 2. 主管会计复核并签章

步骤 3. 报送财务总监审核，并签章

出纳月度报表

2019 年 9 月 25 日　　　　单位：元

本月收入			本月支出		
项目	本月数	本月累计数	项目	本月数	本月累计数
销售商品	909000.00	略	差旅费	2675.00	略
收回货款	61000.00		办公用品	500.00	
借款	500000.00		购买材料款	68834.00	
			支付社保	295662.48	
			支付工资	218000.00	
			缴纳税款	8366.11	
			支付前欠货款	50000.00	
			支付电费	100000.00	
			偿还贷款	102500.00	
			灾区捐款	10000.00	
			银行手续费	226.00	
本月收入合计	1470000.00			856763.59	
库存现金月初余额	2800.00	银行存款月初余额	201800.00		
库存现金月末余额	4066.00	银行存款月末余额	813770.41		
月末账面结存资金 合计（大写）捌拾壹万柒仟捌佰叁拾陆元肆角壹分 ¥817836.41					
其他说明：					

会计主管：张振中　　　　复核：赵正新　　　　出纳：王红

学徒岗位总考核表

学校：________班级：________学徒姓名：________日期：________

岗位任务		
自我鉴定（10 分）	职业素养（3 分）	□优　□良　□一般　□较差
	工作态度（3 分）	□优　□良　□一般　□较差
	出勤率（1 分）	□优　□良　□一般　□较差
	专业技能（3 分）	□优　□良　□一般　□较差
	得分与反思	
岗位表现（50 分）	得分：　企业带教师傅签名：　日期：	
专业技能（40 分）	程序掌握（10 分）	□优　□良　□一般　□较差
	票据填写（10 分）	□优　□良　□一般　□较差（填写　张）
	熟练程度（10 分）	□优　□良　□一般　□较差
	结算工具（10 分）	□优　□良　□一般　□较差
	得分　师傅签名：　教师签名：　日期：	
综合得分	（1）得分	
	（2）跟岗等级	□优　□良　□中等　□及格　□不及格

附录

Appendix

Appendix

Appendix

Appendix

附录1：出纳学徒岗位标准

出纳学徒岗位标准

学徒岗位名称	出纳
学徒岗位描述	出纳工作是管理货币资金、票据、有价证券进进出出的一项工作。具体地说，出纳是按照有关规定和制度，办理本单位的现金收付、银行结算登记账簿，保管库存现金、有价证券、财务印章及有关票据等工作的总称。出纳人员必须具备良好的职业道德修养，热爱本职工作、敬业、严谨、清醒、科学理财、洁身自好、实事求是、保守机密、充分发挥资金的使用效益。还具备良好沟通能力、不折不扣的执行力、吃苦耐劳的精神和精益求精的工匠精神。
现代化生产技术设备、管理理念、企业文化与质量管理、企业师傅要求	**岗位现代化生产技术设备水平：** 保险柜、POS机、支票打印机、点钞机、装订机、计算机及网络、财务软件操作系统。 **管理理念：** 企业具有现代企业管理理念，有相应的内控措施。 **企业文化与质量管理：** 企业管理规范、企业场所文化氛围浓厚，特色鲜明管理规范。 **企业师傅要求：** 有丰富的财务工作经验，具备一线指导财务工作能力，有制定、实施培训方案的能力，具备良好的语言表达能力和沟通交流能力。
工作场所与使用工具	**工作场所：**企业办公场所。 **使用工具：**办公软件、财务软件操作。
职业守则、行为规范及安全生产规范	**职业守则：**爱岗敬业，廉洁自律；掌握技能，精益求精；坚持准则，诚实守信；立足本职，服务企业。 **行为规范：**着装企业统一服装、衣着朴实；培训交流言语实在、言行一致；遵守企业规章制度，保护企业利益，维护国家财经法纪。 **安全生产规范：**遵守企业生产安全、出行安全、食宿安全的有关规定。

续表

<table>
<tr><td>基本专业知识要求</td><td colspan="3">专业知识：（1）基础会计（2）财经法规与职业道德（3）财务会计（4）成本会计（5）计算机基础。
法律知识：（1）中华人民共和国票据法（2）支付结算办法（3）中华人民共和国公司法（4）中华人民共和国会计法（5）中华人民共和国网络安全法（6）中华人民共和国合同法等相关的法律法规。
安全知识：（1）安全使用电子仪器知识（2）安全用电知识（3）安全使用网络知识。
企业经营管理知识：（1）企业组织机构与管理流程（2）企业财务管理知识（3）企业文化（4）企业人力资源管理与员工职业生涯规划。</td></tr>
<tr><td>学徒岗位工作任务（或项目）</td><td>工作过程</td><td>专业知识要求</td><td>技术技能及综合职业能力要求</td></tr>
<tr><td>1. 点钞、票据填写</td><td>点钞的基本程序：
拆把→点数→扎把→盖章。
阿拉伯数字的书写要求，确认业务金额，填写票据的金额和日期，有盖章意识。</td><td>清晰点钞的基本要求和具体要求，熟知阿拉伯数字的书写要求，清晰原始凭证的填制要求。</td><td>单指单张 10 分钟整把正确 6 把以上，单指单张以整把形式进行，按不少于 50%的比例设置差错，每把错张不超过±4 张。多指多张 10 分钟点钞正确 6 把以上，多指多张必须经过抓把、点数、扎把、盖章等操作过程，清点的每一正确把为 100 张。
支票、进账单、收据填写必须做到标准化、规范化，要素齐全、数字正确、字迹清晰、不错漏、不潦草，防止涂改。</td></tr>
<tr><td>2. 设备工具使用</td><td>正常开启设备工具，观察工作状态，正确输出结果，关闭设备。</td><td>具有设备工具使用的基本常识，基本维护常识。</td><td>POS 机金额正确，能正常打出小票；验钞机能正常工作；装订机能装订出标准档案；支票打印机能正常准确打出支票；保险柜在 1 分钟内顺利开关，牢记密码。对各种设备工具的简单故障能排除。</td></tr>
<tr><td>3. 现金业务</td><td>现金收款时，交款人签字，出纳签字，盖现金收讫章，转交会计做账。
现金付款时，填写借款单或差旅费报销单、付款申请单，经派出负责人签字，会计审核，再由财务总监审批，最后由总经理审批后，方可到出纳处支款。</td><td>现金管理的相关规定，现金的清查方法，出纳工作常见原始凭证的格式，填制、审核的方法，现金日记账的登记方法，以及错账更正方法，现金业务的操作流程和注意事项。</td><td>现金收付金额正确，流程符合单位规定，票据收集齐全，办理及时，规范登记现金日记账，每日现金清查，做到账账相符，账实相符，坚持日清日结。</td></tr>
</table>

续表

学徒岗位工作任务（或项目）	工作过程	专业知识要求	技术技能及综合职业能力要求
4. 银行结算业务	复核销售结算单、出库单、增值税普通发票，核对汇票，登记应收票据登记簿。 付款流程：经办人填写付款申请单→部门主管→会计→财务总监→总经理审批→收款人签字→出纳检查、支付。	银行结算管理的相关规定，网银、支票、银行汇票、商业汇票等结算方式流程、适用范围、特点，出纳工作常见原始凭证的格式，填制、审核的方法。	银行结算票据填写正确，流程符合规定，正确使用印章，票据收集齐全，办理及时，规范登记银行存款日记账，其他货币资金，每日清查，做到账账相符，坚持日清月结，能正确编制银行存款余额调节表。
5. 银行存款业务	核对转账支票，复核销售结算单、出库单、增值税普通发票，填写转账支票，剪下支票存根联，盖章并签字，对转账支票背书，填写进账单，传递票据，登记银行存款日记账。 付款流程：经办人填写付款申请单→部门主管→会计→财务总监→总经理审批→收款人签字→出纳检查、支付。	银行存款管理的相关规定，银行存款的清查方法以及银行存款余额调节表的编制方法，出纳工作常见原始凭证的格式，填制、审核的方法，银行存款日记账的登记方法，以及错账更正方法，银行存款余额调节表，银行存款业务的操作流程和注意事项。	银行存款收支金额正确，流程符合规定，正确使用印章，票据收集齐全，办理及时，规范登记银行存款日记账，每日清查，做到账账相符，坚持日清月结，能正确编制银行存款余额调节表。
6. 出纳报告与工作交接	出纳填写库存现金收支日报表、银行存款收支日报表，主管会计复核签字完毕，财务总监审核后，由其报送总经理。 填写移交清单，双方现场清点，监交人监督交接过程，三方签字。	出纳报告编制方法，出纳工作交接的有关规定。	准确填制库存现金收支日报表、银行存款收支日报表。描述出纳日报的工作程序。工作交接规范，没有留下交接缺陷。

续表

学徒岗位工作任务（或项目）	工作过程	专业知识要求	技术技能及综合职业能力要求
职业品质与工匠精神，业内典型案例	**职业品质**：爱岗敬业、廉洁自律、诚实守信、客观公正、一丝不苟、钻研积累、坚持准则、参与管理、强化服务。 **典型案例**：		
职业生涯发展规划	职业资格发展：初级会计资格、中级会计资格、高级会计资格； 专业技术职务发展：助理会计师、会计师、高级会计师； 企业管理职务发展：出纳、会计、科长、部长、副总经理、总经理等。		

附录2：出纳学徒岗位课程标准

出纳学徒岗位课程标准

<table>
<tr><td>学徒岗位
课程名称</td><td colspan="3">出纳</td></tr>
<tr><td>学徒岗位
课程描述</td><td>学生以学徒准出纳身份，在通过认证的企业师傅培训指导下，在企业出纳岗位上跟岗完成一个月出纳工作任务，依次包括点钞、票据填写、设备工具使用、现金业务、银行结算业务、银行存款业务、出纳报告与工作交接等学徒岗位工作任务，顶岗完成下一个月出纳工作任务，并完成学徒培养和岗位工作学习产出。</td><td>学徒
工作
学习
周数</td><td>8周</td></tr>
<tr><td>课程教学目标与学习产出</td><td colspan="3">职业素质目标：
学徒企业和企业师傅对学徒学生职业守则行为规范、职业品质素养、工匠精神等日常表现认为达到企业员工要求，评价达到良好。
专业知识目标：
通过学徒岗位培养能够熟练运用阿拉伯数字的书写，票据金额和日期的书写，点钞方法，办理现金业务，银行结算业务，银行存款业务，登记日记账等专业知识完成岗位业务工作，填写出纳报告，并参与资金管理。
职业能力目标：（技术技能和岗位从业能力）
1. 规范书写阿拉伯数字，规范填写票据的金额和日期，规范、熟练地点钞和验钞；
2. 准确办理现金业务，银行结算业务，银行存款业务；
3. 准确填制、审核出纳原始凭证和记账凭证；
4. 规范登记出纳日记账和备查账；
5. 准确编制银行存款余额调节表，编制出纳报告。</td></tr>
</table>

续表

<table>
<tr><td rowspan="4">学徒岗位认证条件</td><td>学徒岗位技术、设备、管理理念，质量管理等保障条件</td><td>岗位现代化生产技术设备水平：
保险柜、POS机、支票打印机、点钞机、装订机、计算机及网络、财务软件操作系统。
管理理念：
企业具有现代企业管理理念，有相应的内控措施。
企业文化与质量管理：
企业管理规范、企业场所文化氛围浓厚，特色鲜明管理规范。
企业师傅要求：
有丰富的财务工作经验，业内工作5年以上，具备一线指导财务工作能力，有制定、实施培训方案的能力，具备良好的语言表达能力和沟通交流能力。</td></tr>
<tr><td>学徒岗位课程实施工作场所与使用工具</td><td>工作场所：企业办公场所。
使用工具：办公软件、财务软件操作。</td></tr>
<tr><td>学徒岗位课程实施岗位职业安全与规章制度</td><td>企业规章制度：
1. 公司章程。
2. 人力资源管理制度。
3. 财务管理制度。
4. 绩效管理制度。</td></tr>
<tr><td>行业企业工作学习职业行为规范</td><td>职业守则：爱岗敬业，廉洁自律；掌握技能，精益求精；坚持准则，诚实守信；立足本职，服务企业。
行为规范：着装企业统一服装、衣着朴实；培训交流言语实在、言行一致；遵守企业规章制度，保护企业利益，维护国家财经法纪。
安全生产规范：遵守企业生产安全、出行安全、食宿安全的有关规定。</td></tr>
<tr><td colspan="2">企业师傅认证与配置要求</td><td>企业师傅认证条件：
1. 本科以上学历、中级以上职称；
2. 丰富的财务工作经验，业内工作5年以上，具备一线指导财务工作能力的在职人员；
3. 具有培训、兼职教学经历。
企业师傅配置要求：
1. 企业师傅需经专业学徒制委员会按“专业学徒师傅标准”认证；
2. 企业师傅与学生按1∶1或1∶2的比例配置。</td></tr>
<tr><td colspan="2">可考取的职业资格证书、行业或企业证书</td><td>助理会计师</td></tr>
</table>

续表

学徒岗位课程培训与工作任务（或项目）	培训与工作学习内容	培训、工作学习组织	学习产出目标	工作学习时间（天）
企业岗前培训	企业文化管理、企业财务管理、人力资源管理、产品业务培训、销售管理等。	1. 由企业各部门主管按照新员工进行轮训。 2. 在企业师傅指导下制订学徒期间的工作计划、学习计划和专题研修计划。	1. 了解企业管理结构、发展环境； 2. 了解企业对出纳的业务和行为规范要求，自身职业生涯发展； 3. 了解企业技术、产品市场、财务流程等； 4. 制订学徒制期间的工作计划、学习计划和专题研修计划。	3
1. 点钞、票据填写	在师傅指导带领下，单指单张 10 分钟整把正确 6 把以上，单指单张以整把形式进行。多指多张必须经过抓把、点数、扎把、盖章等操作过程，清点的每一正确把为 100 张。 填写现金支票、转账支票、进账单、现金缴款单、收据等。	利用员工培训，师傅指导带领下，开展点钞、票据填写比赛。 销售收款业务中，师傅检测。	1. 产出目标：单指单张 10 分钟整把正确 6 把以上，单指单张以整把形式进行，按不少于 50%的比例设置差错，每把错张不超过 ±4 张。多指多张 10 分钟点钞正确 6 把以上，多指多张必须经过抓把、点数、扎把、盖章等操作过程，清点的每一正确把为 100 张。 2. 按给定数据，填制报表三份，挑最好一份提交。 3. 按给定数据，填制现金支票三份，挑最好一份提交。	1
2. 设备工具使用	POS 机、验钞机、计算器、装订机、计算机、支票打印机、保险柜。	入职培训，师傅讲解操作要点，老员工示范。 业务发生时，示范、操作，纠错、操作。	分组轮流比赛操作验钞机、计算器、装订机、计算机、支票打印机、保险柜，按考核标准计算成绩。	1

续表

学徒岗位课程培训与工作任务（或项目）	培训与工作学习内容	培训、工作学习组织	学习产出目标	工作学习时间（天）
3. 现金业务	现金支付范围、原则、程序，现金提取，现金送存，现金报销，现金盘点，备用金，登记账簿。	跟岗时，在业务发生过程中，师傅操作示范每一步骤，学徒操作，师傅纠错。 顶岗时，在业务发生过程中，师傅指导，学徒操作，师傅评价，纠错。	选定三笔现金业务分组计时比赛，计算成绩。	10
4. 银行结算业务	网银、支票、银行汇票、商业汇票、银行存款余额调节表编制。	跟岗时，在业务发生过程中，师傅操作示范每一步骤，学徒操作，师傅纠错。 顶岗时，在业务发生过程中，师傅指导，学徒操作，师傅评价，纠错。	选定银行结算三笔业务分组计时比赛，计算成绩。	10
5. 银行存款业务	销售业务、欠款收回业务、资金筹资、发放工资、缴纳税金、支付水电费、支付货款、登记账簿、银行存款余额调节表。	跟岗时，在业务发生过程中，师傅操作示范每一步骤，学徒操作，师傅纠错。 顶岗时，在业务发生过程中，师傅指导，学徒操作，师傅评价，纠错。	选定银行存款三笔业务分组计时比赛，计算成绩。	15
6. 出纳报告与工作交接	库存现金收支日报表、银行存款收支日报表，出纳月度报表。出纳工作交接原因、内容流程。	跟岗时，在业务发生过程中，师傅示范操作每一步骤，学徒操作，师傅纠错。	选定出纳报告业务分组计时比赛，计算成绩。	2

续表

学徒岗位课程培训与工作任务（或项目）	培训与工作学习内容	培训、工作学习组织	学习产出目标	工作学习时间（天）
学徒培养总结	企业师傅指导学徒系统总结学徒期间出纳任务的完成情况，形成学徒总结。专题研修报告具有一定的技术含量。	总结、指导、审阅修改总结报告和研修报告。	1. 学徒培养总结报告。 2. 学徒岗位工作总结报告。 3. 学徒培养学习成果报告。 4. 专题研修技术报告或论文。	1～2
职业品质与工匠精神培养	学徒按照准员工身份，在企业师傅言传身教，人格潜移默化影响下，通过点钞、票据填写、设备工具使用、现金业务、银行结算业务、银行存款业务、出纳报告等业务在跟岗工作开展中，训练业务能力，磨炼学生职业品质和素养，规范职业行为，在顶岗业务过程中，逐步形成工匠精神，培养出良好的职业素养。			
工作学习资源	http://www.cicpa.org.cn/，中国注册会计师协会 http://www.ccfo.com.cn/中国总会计师 http://www.chinaacc.com/中华会计网校			
学徒学业考核评价方案	按照学院学徒制试点改革方案，学徒学业评价给予企业学徒岗位工作情景，充分体现社会化学习成果和岗位工作成果，注重关键职业能力和技术技能掌握运用。			

附录3：
企业出纳师傅标准

企业出纳师傅标准

为使会计专业的现代学徒制改革顺利开展并取得实效，确保企业师资水平能够满足本专业现代学徒制教学的需要，特制定本标准。

一、对象

会计专业现代学徒制企业师傅的选拔对象主要是有丰富的财务工作经验，业内工作5年以上，具备一线指导财务工作能力的在职人员。

二、条件

1. 热爱会计事业，对培养会计人才有充分热情，具有良好的政治思想素质和职业道德。

2. 具备丰富的处理问题能力，善于沟通和表达，掌握并灵活运用行业知识进行技能的传授和讲解能力。

3. 工作经历业绩突出，认同“传、帮、带”，近3年，在企业生产工作中，没有违纪、违章、违规行为。

4. 取得会计类专业的中级会计师以上（含）等级证书，在行业内具有一定声誉的财务人员。

5. 接受过专门的职业教育或系统的会计类专业技能培训。

6. 有制定、实施培训方案的能力，具备良好的语言表达能力和沟通交流能力。

7. 身体健康，心理健康，能坚持正常工作，男性60岁以下、女性50岁以下。

三、选拔程序

由企业根据选拔条件，结合企业实际情况，采取个人申报，企业推荐，由企业审核的方式进行选拔。

审核通过的师傅，需填写《行业师傅申报认定表》，经单位盖章后，由单位和合作院校共同审核。

经评审通过的师傅，发放聘书，聘期为3年。聘书加盖学院和师傅所在企业公章。

四、奖励办法

对于师傅带徒弟期间表现优秀的人员给予精神奖励，由单位和学院统一发文表彰，发给获奖证书。

将优秀师傅的评选获奖情况计入个人档案，作为晋职晋级的考核依据之一。

附录4：企业学徒选拔标准

企业学徒选拔标准

一、学徒选拔的基本原则

坚持“公平、公正、公开”的原则，做到选拔条件与考核内容公开、选拔经过公开、选拔结果公开，选拔优秀学徒入企实践。

二、选拔对象、 条件及人数

（一） 选拔对象

新疆农业职业技术学院会计专业大一第二学期全体学生。

（二） 选拔条件

1. 思想端正，有良好的道德品质和文明行为习惯；
2. 身体健康，对会计类工作热爱，具有团队合作意识；
3. 专业课程成绩优秀，文化课程学习成绩较好；
5. 有责任感和奉献精神，品行端正；
6. 自愿参加，入选后同意参加企业现代学徒制培养；

（三） 选拔人数

根据合作企业的选拔学徒的人数确定。

三、选拔程序

个人提出书面申请—经济贸易分院根据学生情况进行推荐—用人单位综合考核，确定人选—由企业、学院、学生（未成年人由家长代理）等三方共同签订学徒协议。

四、学徒选拔考核技术标准

（一） 考核命题标准

学徒选拔考核以会计从业资格国家职业标准的工作要求为基础，适当增加新知识、新技能等相关内容，以实际操作的形式进行考核。试题由学徒选拔本企业组织有关专家统一命制。

（二） 考核场地环境设计

采取有效措施确保考核环境安静，设置有考评专家进入现场巡视的专门通道，以不影响考核选手答题为标准。

（三） 场地配置要求

会计专业考核需配置：会计实训室，内设工作台（每个学徒面积在 1.5～1.5 m^2）、照明设备、装有用友财务软件的电脑等材料。

（四） 考核内容及要点

1. 考核方法

给定某企业一个月的业务，要求在财务软件进行基本的账务处理。

2. 考核内容

凭证的录入、试算平衡。

3. 考核时间

要求 2 小时内完成。

4. 技术要求

(1) 能够准确无误的建立账套。

(2) 根据给定业务进行部门、人员、往来账、科目的设置。

(3) 记账凭证录入、会计主管复核。

(4) 报表试算平衡。

（五） 成绩评定

由合作企业将组成专家组对考核作品进行评分。

通过对参选学徒现场操作，根据评分标准进行评定，考评其对会计基础知识的掌握程度，以此来认定学徒的真实业务水平和今后的发展潜力。

附录5：
案例警示

案例（1）

出纳利用职务便利贪污

人民检察院以被告人陈某犯贪污罪，向中级人民法院提起公诉。昆明市中级人民法院经公开审理查明：

被告人陈某在某化肥厂任出纳员期间，于 1988 年 5 月至 1991 年 11 月，利用职务上的便利，采取收入不记账、偷支本厂在银行的存款、监守自盗等手段，先后作案 62 次，侵吞公款 175 651.94 元；后恐罪行暴露，销毁部分单据后携带公款 5.4 万余元潜逃，被抓获归案。破案后，追缴赃款赃物共计 96 769.22 元，造成损失 78 882.72 元。其中，陈某购买物品、吃喝玩乐和送礼等挥霍 6.7 万余元，借给他人尚未追回的贪污款有 1.1 万余元。

上述事实，有产品销售发票、清账证明、银行账簿、转账支票和对会计、文字、印章的鉴定报告，以及证人证言、查获的赃款赃物等证据证实。被告人陈某也做过供述。

最高人民法院于 1996 年 3 月 26 日判决：

一、撤销云南省昆明市中级人民法院和云南省高级人民法院关于此案的刑事判决和刑事裁定。

二、被告人陈某犯侵占罪，判处有期徒刑十年，剥夺政治权利二年。

分析：出纳陈某利用职务便利，采取非法手段，侵吞公款，给单位造成严重损失，情节恶劣，应当受到法律制裁。

案例（2）

湘西女出纳 10 年挪用公款 1 200 万元！依法判处有期徒刑十年六个月！

2018 年 4 月 11 日，吉首市人民法院公开开庭审理一起公职人员挪用公款案。这是湘西州首例监察委员会移送职务犯罪案件。该案庭审后当庭宣判，被告人瞿某某犯挪用公款罪，依法判处有期徒刑十年六个月。

2008 年 1 月至 2019 年 11 月，瞿某某在担任州某网络公司出纳期间，利用其职务上的便利，多次从公司的中国银行户挪用公司公款人民币 1 219 万元，其中转账 864 万元用于完美国际、御龙在天、御龙在天经典版等网络游戏。为应付审计检查，瞿某某于 2008 年底伪造了“中国银行吉首分行业务公章”，多次制造假银行询证函、假对账单等单据。

公诉人陈述，被告人在 10 年时间 300 多次挪用总计 1 200 万元公款，连续挪用时间之长、次数之多、金额之大，实乃罕见。另一方面，从吉首市监委 2018 年 1 月 9 日对瞿某某以挪用公款罪立案算起，至移送检察院审查起诉，至法院开庭审理、宣判，该案用时 93 天，彰显了纪委监委铁腕反腐的能力与效率。

经法庭审理认为，被告人瞿某某身为国家事业单位委派到国有参股公司从事出纳工作的人员，挪用公款数额巨大不退还，其法定刑为十年以上有期徒刑或者无期徒刑。被告人自动投案，如实供述自己的罪行，具有自首情节，可以从轻或者减轻处罚。

案例（3）

出纳造假 5 年侵吞 1 000 多万元

案件主人公是南通市某知名快餐连锁企业的一名女出纳员云朵（化名），从公开信息来看，该出纳在 5 年时间内利用职务之便侵占了企业账户资金 1 000 多万元，而直到她到公安机关自首，案件才“浮出水面”。云朵自首后，崇川区检察院以涉嫌职务侵占罪对犯罪嫌疑人云朵（化名）批准逮捕。

云朵是一名“80 后”，老家在江苏盐城，大专文化。2005 年，云朵应聘到一家知名快餐连锁企业工作。云朵在 2007 年被公司安排到南通分公司，负责人力资源管理和出纳工作，掌管南通公司所有的支出资金，每年经手数千万元的款项。来到南通后，云朵的心态开始失衡，公司每年支出这么多钱，自己却拿着一点可怜的工资。她不甘心，慢慢开始在自己掌管的“一亩三分地”里寻找机会。2011 年，云朵发现公司对申请金额放得比较宽松，她觉得这是漏洞可以利用。

侦查机关初步查明，2013 年 3 月初至 2018 年 4 月底，云朵利用其单位出纳的职务之便，疯狂作案，共侵占单位账户资金高达 1 000 多万元。

云朵刚开始作案时，遇到的第一个关卡就是每个月单位会计要审核银行的对账单。对账单一拿到手，云朵马上用软件重做一份，把真的那份毁掉。假的对账单，除了云朵自己的花销记录被删除，余额相应修改，其余支出流水都和真的对账单无二。

会计师事务所把询证函寄给单位出纳即云朵本人，询证函上写着公司支出账户应有的余额，然后由出纳拿着询证函去银行，云朵更换询证函，寄回会计师事务所。

在案件进入审查逮捕环节后，承办检察官指出，“其实无论哪个环节，只要稍一深究，云朵的不法行径必定无所遁形”。

以上案例你得到的启示是什么？

参考文献

［1］ 程传灵，高兴森．出纳岗位实操．北京：清华大学出版社，2015.

［2］ 高翠莲．出纳业务操作．北京：高等教育出版社，2018.

［3］ 李华．出纳实务．2版．北京：高等教育出版社，2012.

［4］ 张瑞芳，左桂云．企业出纳实务．北京：高等教育出版社，2014.

［5］ 陈贺鸿．出纳岗位实务．北京：电子工业出版社，2016.